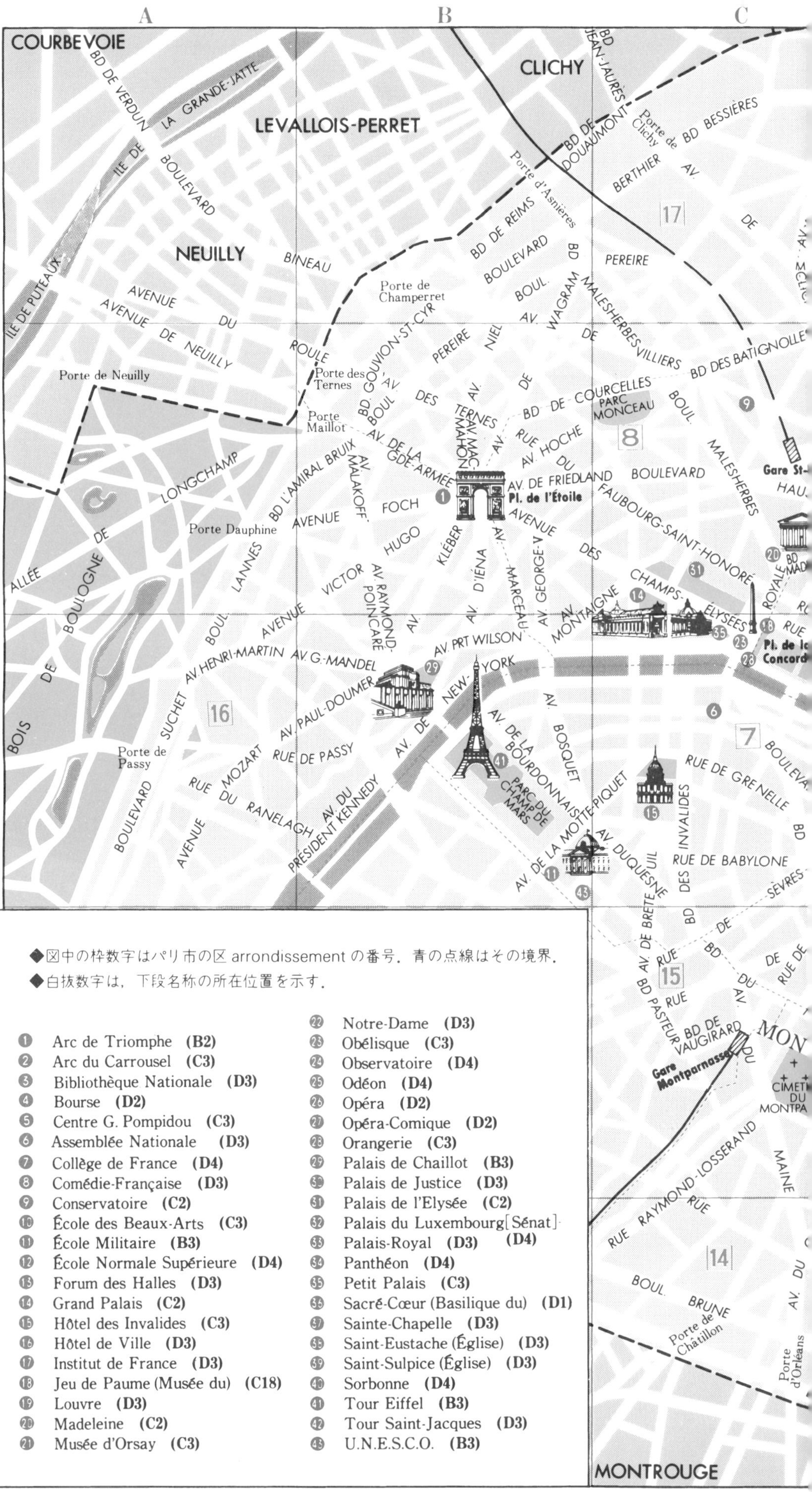

◆図中の枠数字はパリ市の区 arrondissement の番号．青の点線はその境界．

◆白抜数字は，下段名称の所在位置を示す．

1. Arc de Triomphe **(B2)**
2. Arc du Carrousel **(C3)**
3. Bibliothèque Nationale **(D3)**
4. Bourse **(D2)**
5. Centre G. Pompidou **(C3)**
6. Assemblée Nationale **(D3)**
7. Collège de France **(D4)**
8. Comédie-Française **(D3)**
9. Conservatoire **(C2)**
10. École des Beaux-Arts **(C3)**
11. École Militaire **(B3)**
12. École Normale Supérieure **(D4)**
13. Forum des Halles **(D3)**
14. Grand Palais **(C2)**
15. Hôtel des Invalides **(C3)**
16. Hôtel de Ville **(D3)**
17. Institut de France **(D3)**
18. Jeu de Paume (Musée du) **(C18)**
19. Louvre **(D3)**
20. Madeleine **(C2)**
21. Musée d'Orsay **(C3)**
22. Notre-Dame **(D3)**
23. Obélisque **(C3)**
24. Observatoire **(D4)**
25. Odéon **(D4)**
26. Opéra **(D2)**
27. Opéra-Comique **(D2)**
28. Orangerie **(C3)**
29. Palais de Chaillot **(B3)**
30. Palais de Justice **(D3)**
31. Palais de l'Elysée **(C2)**
32. Palais du Luxembourg [Sénat] **(D4)**
33. Palais-Royal **(D3)**
34. Panthéon **(D4)**
35. Petit Palais **(C3)**
36. Sacré-Cœur (Basilique du) **(D1)**
37. Sainte-Chapelle **(D3)**
38. Saint-Eustache (Église) **(D3)**
39. Saint-Sulpice (Église) **(D3)**
40. Sorbonne **(D4)**
41. Tour Eiffel **(B3)**
42. Tour Saint-Jacques **(D3)**
43. U.N.E.S.C.O. **(B3)**

D
E
F
1
2
3
4
5
PLAN DE PARIS
0
500
1000 M
Porte de Clignancourt
BOULEVARD
NEY
Porte de la Chapelle
NEY
Porte d'Aubervilliers
BOULEVARD
Porte de la Villette
MACDONALD
BD
Canal
Canal St-Denis
Canal de l'Ourcq
BD ORNANO
ORDENER
BARBÈS
18
R. DE LA CHAPELLE
RUE MARX-DORMOY
RUE D'AUBERVILLIERS
RUE DE FLANDRE
BASSIN DE LA VILLETTE
AVENUE JEAN-JAURÈS
Porte de Pantin
LE PRÉ-ST-GERVAIS
TMARTRE
36
BD ROCHECHOUART
BD DE LA CHAPELLE
BD DE LA VILLETTE
SÉRURIER
BOULEVARD
LES LILAS
BD SÉRURIER
CRIMÉE
19
PARC DES BUTTES CHAUMONT
Gare du Nord
BOUL.
POISSONNIÈRE
RUE DU FG
LA FAYETTE
DE
Gare de l'Est
Canal St-Martin
AV SIMON-BOLIVAR
RUE DE BELLEVILLE
Porte des Lilas
GAMBETTA
BOULEVARD MORTIER
BD DE STRASBOURG
MAGENTA
10
AV
RUE DU FG-DU-TEMPLE
BD DE BELLEVILLE
RUE DES PYRÉNÉES
RUE DE MÉNILMONTANT
AVENUE
Porte de Ménilmontant
BAGNOLET
20
BD MONT
BD POISS.
BD B.NOUV.
RUE 4
2
RÉAUMUR
BD ST-MARTIN
BD DE SÉBASTOPOL
RUE ST-DENIS
RUE ST-MARTIN
TURBIGO
Pl. de la République
AVENUE DE LA RÉPUBLIQUE
BOULEVARD
RUE PARMENTIER
BD RICHARD-LENOIR
BD DE MÉNILMONTANT
AV. GAMBETTA
CIMETIÈRE DU PÈRE-LACHAISE
RUE
Porte de Bagnolet
BOULEVARD
PÉRIPHÉRIQUE
38
HONORÉ
3
11
13
5
RUE DE RIVOLI
16
42
Pt Neuf
30
BD DU PALAIS
CITÉ
37
QUARTIER DU MARAIS
BD BEAUMARCHAIS
RUE DE LA ROQUETTE
RUE DE ROLLIN
BD DE CHARONNE
AV. PHILIPPE-AUGUSTE
DES
MONTREUIL
Porte de Montreuil
22
ILE ST-LOUIS
Pl. de la Bastille
RUE DU FAUBOURG ST ANTOINE
VOLTAIRE
PYRÉNÉES
DAVOUT
BD
ST-MICHEL
SAINT-JACQUES
40
7
34
RUE
5
BD DE LA BASTILLE
LEDRU
AVENUE
DIDEROT
COURS DE VINCENNES
VINCENNES
RUE DE LAGNY
Porte de Vincennes
QUARTIER LATIN
12
MONGE
JARDIN DES PLANTES
AV. BOUL.
Gare de Lyon
BD DE ST-MANDÉ
Porte de St-Mandé
PICPUS
12
DAUMESNIL
Gare d'Austerlitz
BD DE L'HÔPITAL
RUE DE PORT ROYAL
BD ST-MARCEL
AV. DES GOBELINS
ARAGO
BOULEVARD DE
13
BD DE BERCY
BD DE REUILLY
BOULEVARD SOULT
ST-MANDÉ
RUE DE LA SANTÉ
EVARD
BD VINCENT-AURIOL
PONIATOWSKI
Porte Dorée
PARC ZOOLOGIQUE
BD AUGUSTE-BLANQUI
AV.
AVENUE
TOLBIAC
BOULEVARD
Porte de Charenton
BOIS DE VINCENNES
Porte de Bercy
RUE DE PARIS
RUE DE TOLBIAC
RUE DE
DE
MASSÉNA
CHARENTON-LE-PONT
Porte de Vitry
OURIS
JOURDAN
BOUL.
KELLERMANN
D'ITALIE
CHOISY
BOULEVARD
Porte d'Ivry
Pt de Conflans
SEINE
Porte de Gentilly
Porte d'Italie
Porte de Choisy
KREMLIN-BICÊTRE
IVRY

À LA PARISIENNE

Masashi SHIMIZU
Yoko FUJII

HAKUSUISHA

音声ダウンロード

この教科書の音源は白水社ホームページ（www.hakusuisha.co.jp/download）からダウンロードすることができます（お問い合わせ先：text@hakusuisha.co.jp）。

装丁　　　　：mogmog Inc.
本文デザイン　：株式会社エディポック
フランス語校閲：Loïc MENOU
イラスト　　　：ひさぎ
ナレーション　：Florent Girerd BONINI
Kim BEDENNE
Georges VEYSSIÈRE

はじめに

Bonjour！　この本は、フランス語を初めて学ぶ人を対象に、言葉の基礎を学びながらフランスの文化も身近に楽しめるようになっています。タイトルの「ア・ラ・パリジェンヌ À LA PARISIENNE」は「パリ風に」という意味です。パリに住んでいるかのように毎日楽しく学んでいきましょう。

言葉を学ぶためには続けることが大切です。そして続けるためには楽しむことが一番です。「会話しよう」「発信しよう」では、クラスメイトと学びをシェアできるよう工夫してあります。友達と一緒に楽しみながら学びましょう。

さあ、まずはフランス語で歌って楽しんでください！

2020年秋　著者

キーフレーズ
その課で学ぶ文法事項を含むキーフレーズです。よく聞いて発音して覚えましょう。

文法事項
その課で学ぶ文法や表現の解説です。

会話してみよう
その課で学んだことを使って、クラスメイトと会話を考え発表してみましょう。ジェスチャーも取り入れてみてください。

練習しよう
文法や表現を学んだら、練習問題に挑戦して理解を深めましょう。

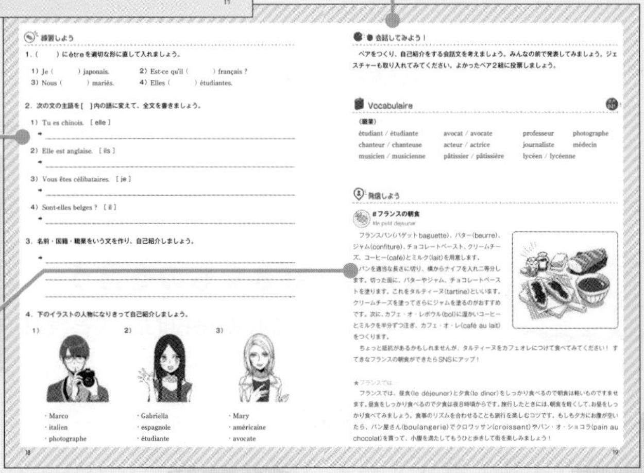

発信しよう
フランスの文化を日常生活に取り入れて楽しむアクティビティです。ハッシュタグをつけて発信すると全国のクラスメイトと一緒に楽しむこともできます。

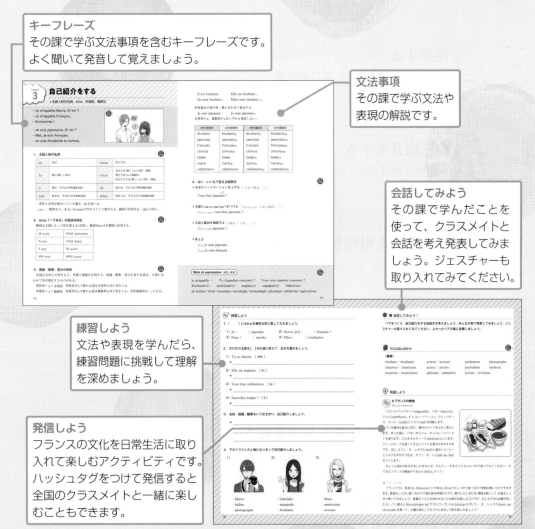

この教科書にはSNSのアカウントがあります。
内容をより楽しめるように関連したトピックを発信しています。
twitter　➡　@alaparisienne_h
Instagram　➡　alaparisienne_h

Table des matières［目次］

♪フランス語で歌ってみよう❶

トゥー トゥー プーる マ シェり
Tout, tout pour ma chérie

作曲・作詞：Michel Polnareff

トゥー トゥー プーる マ シェり マ シェり
★Tout, tout pour ma chérie, ma chérie
トゥー トゥー プーる マ シェり マ シェり
Tout, tout pour ma chérie, ma chérie
トゥー トゥー プーる マ シェり マ シェり
Tout, tout pour ma chérie, ma chérie
トゥー トゥー プーる マ シェり マ シェり
Tout, tout pour ma chérie, ma chérie

トワ ヴィヤン ザヴェック モワ
Toi, viens‿avec moi
エ パン トワ ア モン ブら
Et pends-toi à mon bras.
ジュ ム サン シ スール
Je me sens si seul
サン タ ヴォワ
Sans ta voix
サン トン コーる
Sans ton corps
カン チュ ネ パ ラ
Quand tu n’es pas là

オー ウィ ヴィヤン
Oh, oui, viens !
ヴィヤン プれ ド モワ
Viens près de moi.
ジュ ヌ コネ りヤン ド トワ
Je ne connais rien de toi,
ニ トン ノン
Ni ton nom
ニ ラージュ ク チュ ア
Ni l’âge que tu as.
エ プーるトン
Et pourtant :
チュ ヌ るグれットら パ
Tu ne regretteras pas,
カーる ジュ ドンヌ
Car je donne

【★繰り返し】

ジュ スイ シュー らン ピエデスタル ド クりスタル
Je suis sur⁀un piédestal de cristal

エ　ジェ　プー　らン ジューる
Et j'ai peur⁀un jour
ド　トンベ　サン　ザヴワーる
De tomber, sans‿avoir
ぺるソン　ナ　メ　コテ
Personne⁀à mes côtés.
メ　シ　チュ　ヴィヤン
Mais si, tu viens.
ヴィヤン　ザヴェック　モワ
Viens‿avec moi
ジュ　セ　キ　リ　オら
Je sais qu'il⁀y aura
ケルカン　キ　マるシュら
Quelqu'un qui marchera
プれ　ド　モワ
Près de moi,
キ　メットら　ファン
Qui mettra fin
ア　モン　デザろワ
À mon désarroi.

【★繰り返し】

トゥー　トゥー　プーる　マ　シェり　マ　シェり
Tout, tout pour ma chérie, ma chérie
トゥー　トゥー　プーる　マ　シェり　マ　シェり
Tout, tout pour ma chérie, ma chérie
トゥー　トゥー　プーる　マ　シェり　マ　シェり
Tout, tout pour ma chérie, ma chérie

トワ　ヴィヤン　ザヴェック　モワ
Toi, viens‿avec moi,
ジェ　トろ　ブゾワン　ド　トワ
J'ai trop besoin de toi.
ジェ　タン　ダムーる
J'ai tant d'amour
ア トゥ　ドネ
À te donner.
レッス　モワ　レッス　モワ　トゥ　セれ
Laisse-moi, laisse-moi te serrer
コントる　モワ
Contre moi
ウィ　ヴィヤン　ザヴェック　モワ
Oui, viens‿avec moi
エ　ヌ　ム　キット　パ
Et ne me quitte pas
ジュ　タタン　ドゥピュイ　タン　ダネ
Je t'attends depuis tant d'années
モ　ナムーる　タン　ダネ　ザ　プルれ
Mon‿amour, tant d'années‿à pleurer

【★繰り返し】

Leçon 1

アルファベ

▶文字の読み方、発音

1. アルファベ　alphabet

音声 001

A	B	C	D	E	F	G	H	I	J	K	L	M
a	b	c	d	e	f	g	h	i	j	k	l	m
N	O	P	Q	R	S	T	U	V	W	X	Y	Z
n	o	p	q	r	s	t	u	v	w	x	y	z

2. 母音字とアクサン記号

音声 002

フランス語の母音字は6つある。その他の文字は子音字。

a, e, i, o, u, y

この母音字にアクサン記号がつく。

é	アクサン・テギュ	café　été　étoile
è, à, ù	アクサン・グラーブ	mère　à　où
ê, â, ô, î, û	アクサン・シルコンフレクス	forêt　gâteau　hôpital　île　sûr
ë, ï	トレマ	Noël　aïe

3. 母音字の読み方

音声 003

1）単母音字

a	e	i	o	u	y
[a / ɑ]	[e / ɛ / ə / 無音]	[i]	[o / ɔ]	[y]	[i]

2）複母音字

ai, ei　[ɛ]　mai　saison　neige　　oi, oy　[wa] moi　oiseau　voyage

ou, où　[u]　nous　amour　où　　au, eau [o]　chaud　automne　nouveau

eu, œu [ø/œ] bleu　fleur　cœur

3）鼻母音　母音字＋n / m

an, am, en, em　[ɑ̃]　blanc　jambe　ensemble

on, om　[ɔ̃]　monde　ton　combien

in, im, ain, aim, ein, eim [ɛ̃]　fin　main　plein

un, um　[œ̃]　un　lundi　parfum

4）語末のeは発音しない

table　livre　rêve

例外 je, le, de, ne, me, te, que, ce, se のeは発音する。

4．子音字の読み方

音声 004

1）hは発音しない

hôtel　hiver　bonheur

2）語末の子音字は発音しない

Paris　alphabet　deux　trop

例外 子音字c, r, f, lは発音される。英単語carefulに含まれる子音字と覚えよう。

avec　bonjour　soif　ciel

3）rの発音

下の歯の裏側に舌先を当て、うがいをするときのように喉で音を鳴らす。

mer　mercredi　revoir

4）cの読み方

cは次にくる母音字によって発音が変わる。cについたアクサン記号はセディーユという。

c + a, o, u ➡ [k]　c + e, i, y ➡ [s]　ç + a, o, u ➡ [s]

cadeau　ces　cycle　ça

5）その他の子音字の発音の注意点

ch：[ʃ] chanson　s：母音字＋s＋母音字 [z] saison　qu：[k] que

5．エリジヨン、アンシェヌマン、リエゾン

音声 005

1）エリジヨン

je, le, la, de, ne, me, te, que, ce, se, siの次に母音字あるいはhで始まる語がきた場合（ただしce, se, siは一部の語の場合のみ）、eを除いて '（アポストロフ）でくっつける。

je + ai ➡ j'ai　ne + ai ➡ n'ai　ce + est ➡ c'est

2）アンシェヌマン

母音字あるいはhで始まる語と、直前の語とをつなげて発音する。

il⁀a　quel⁀âge　sept⁀heures

3）リエゾン

発音しない最後の子音字が次の語の最初の母音字とつなげて発音される。

vous‿êtes　des‿arbres　un‿an　deux‿heures

練習しよう

1．次のアルファベを書いて読んでみましょう。

1）自分の名前をローマ字で書き、アルファベ読みしましょう。

____

2）クラスメイトの名前をアルファベ読みしてもらい、書きとりましょう。自分の名前をアルファベ読みし、書きとってもらいましょう。

____

2．フランスの都市名を読んでみましょう。

音声 006

1）Paris　2）Marseille　3）Lyon

4）Strasbourg　5）Bordeaux　6）Chartres

3．次の歌詞を発音しましょう。

音声 007

1）Tout, tout pour ma chérie, ma chérie.

2）Aux Champs-Élysées, aux Champs-Élysées,
Au soleil, sous la pluie, à midi ou à minuit,
Il y a tout ce que vous voulez aux Champs-Élysées.

3）Quand il me prend dans ses bras,
Il me parle tout bas,
Je vois la vie en rose.

会話してみよう！

クラスの友達の名前を知ろう！　数字を書いたくじをみんなで引きます。最初に先生が言った数字を引いた人が、自分の名前をアルファベ読みします。ほかの人はそれを書きとります。名前を読んだ人は、次に発表する人を、数字で指定します。これを繰り返してクラスメイトの名前を当てていきましょう。

発信しよう

#フランス語で歌ってみよう！

#chanson

この教科書では３曲のフランス語の歌詞を掲載しています。音楽にあわせて歌って、発音に親しみましょう。最初はフリガナを見ながら、慣れてきたらつづり字の規則を確認しながら歌詞を発音できるように練習しましょう。歌詞のフリガナは、lの音はラ行で、rの音はら行で示しています。

掲載した曲のほか、ディズニー映画の曲のフランス語バージョンがおすすめです。『アラジン』テーマ曲「ホール・ニュー・ワールド」（フランス語題「Ce rêve bleu 青い夢」）、『アナと雪の女王』テーマ曲「レット・イット・ゴー」（フランス語題「Libérée, délivrée 解き放たれて」）などがあります。

Leçon 2

挨拶する

▶挨拶の表現、調子を尋ねる表現

音声 008

– Bonjour ! Ça va ?
– Très bien, merci ! Et toi ?
– Ça va très bien !

– Bonjour ! Vous allez bien ?
– Très bien, merci ! Et vous ?
– Moi aussi, je vais très bien !

– Au revoir ! À bientôt ! Bon voyage !
– Merci. Au revoir ! Bonne journée !

1. 人に出会ったとき、別れるときの表現

音声 009

Bonjour !	朝から夕方５時頃	会ったときに使う
Bonsoir !	夕方から夜	会ったときも別れるときも使える
Salut !	１日中	会ったときも別れるときも使える
Au revoir !	１日中	別れるとき
Bonne journée !	日中	別れるとき
Bonne soirée !	夕方から夜	別れるとき
Bonne nuit !	就寝前	別れるとき

- **vous と tu の使い分け**

自分と相手との関係に応じて、vous と tu を使い分ける。

vous	社会生活一般で出会う知らない人や初対面の人、親しくない知人に対して使う。また、学生が先生に対して、子どもが大人に対して使う。
tu	家族や友人、恋人など親しい人に対して使う。学生同士では初対面でも使う。大人は子どもに対して使う。

2. 調子を尋ねる、答える表現

音声 010

〈調子を尋ねる〉

・Ça va ?
・Tu vas bien ?
・Comment vas-tu ?
・Comment ça va ?
・Vous allez bien ?
・Comment allez-vous ?

〈答える〉

・Très bien.	◎			↑ とても良い
・Bien.	○	・Ça va.	○	
・Pas mal.	△	・Comme ci, comme ça.	△	
・Pas très bien.	×	・Mal.	×	↓ 悪い

3．別れるときの表現、その他の表現

音声 011

● À ＋［名詞］など

À demain !　　À lundi !　　À bientôt !

À tout à l'heure !　　À plus (tard) !　　À la prochaine (fois) !

À la semaine prochaine !

〈曜日〉

lundi　mardi　mercredi　jeudi　vendredi　samedi　dimanche

● Bon／Bonne ＋［名詞］

Bon après-midi !　　Bon week-end !　　Bon travail !

Bonne continuation !　　Bon voyage !　　Bonnes vacances !

この表現の型はお祝いなどにも使える。

Bon anniversaire !　　Bonne année !　　Bon courage !　　Bonne chance !

● お礼の表現

Merci beaucoup !　　– Je vous en prie.

Merci bien !　　– De rien.

● 謝るときの表現

Pardon !　　Excusez-moi.

● 握手とビズ(la bise)

握手	vousの関係の人と会ったときや別れるときにする。
ビズ	tuの関係の人と会ったときや別れるときにする。異性とも同性同士ともする。 お互いの頬と頬をくっつけて、口でチュッと音を出す。どちらの頬からするか、何回するかは地方によって異なり、パリでは一般的に右頬から左頬へと二回する。

Mots et expressions 単語と表現

音声 012

Et toi ?　　Et vous ?　　moi aussi　　toi aussi　　vous aussi

練習しよう

音声 013

●4つのシチュエーションで挨拶をしてみましょう。できればジェスチャーもしてみましょう。

1）知らない人　お店の店員に対して

目が合ったらBonjour !と挨拶してすれ違う。

フランスではまったく知らない人でも、同じアパートの通路や公園の道で会ったら挨拶をします。また、お店に入って店員と目が合ったら挨拶します。

> 男性にはMonsieurをつけます。女性に対しては、既婚者にはMadame、未婚者にはMademoiselleと区別しますが、大人の女性に対しては既婚、未婚を問わずMadameと呼ぶ方が丁寧です。フランスでは結婚していないカップルも多いです。

2）初対面の人、知人、仕事相手の人に対して

初めて会う人、それほど親しくない知り合い、仕事相手の人に対して、少し丁寧に挨拶して、握手する。

・Bonjour, Monsieur !　・Bonjour, Madame !　・Bonjour, Mademoiselle !

3）友人、家族

友人や家族といった親しい間柄の人には、相手のファーストネームをつけて、ビズをします。

・Bonjour, Taro !　・Bonjour, Marie !

4）恋人、夫婦

恋人や夫婦では、友人や家族と同じく相手のファーストネームをつけてビズします。さらに相手を呼ぶ様々な表現があるので、使ってみましょう。

・Bonjour, mon chéri !　・Bonjour, ma chérie !

会話してみよう！

音声 014

ペアをつくり、順番に「練習しよう」のどれかのシチュエーションでの挨拶を練習します。みんなの前で披露しましょう。ジェスチャーも忘れずに！ よかったペア２組に投票しましょう。

例）

A：Bonjour, Koji ! Ça va ?

B：Bonjour, Kaori ! Très bien, merci. Et toi ?

A：Ça va très bien !

C：Au revoir, Rika ! À bientôt ! Bon voyage !

D：Merci. Au revoir, Makoto ! Bonne journée !

発信しよう

#フランス流挨拶をしてみよう！

#bise

友達とビズをした写真や動画をSNSで発信してみてください！ 日本人同士でビズするのはちょっと勇気がいるかもしれません。「つかず離れず」というように、日本の文化は相手と間合いを取り合う文化で、人と接触するのがとても苦手です。自分の国で普通ではなくても、相手の国では普通なことをあえてやってみるのが異文化体験です。ちょっと勇気を出して試してみれば(「ふり」だけでも大丈夫！)、案外ビズは楽しいものです。知り合ったばかりの友達と、vousからtuの関係へと距離を縮めることができます。

Leçon 3

自己紹介をする

▶主語人称代名詞、être、形容詞、疑問文

– Je m'appelle Marie. Et toi ?
– Je m'appelle François.
– Enchantée !

– Je suis japonaise. Et toi ?
– Moi, je suis français.
– Je suis étudiante en lettres.

1．主語人称代名詞

音声 016

je	私は	nous	私たちは
tu	君は（親しい相手）	vous	あなたは（親しくない相手・単数） 君たちは（tuの複数形） あなたたちは（親しくない相手・複数）
il	彼は、それは（男性単数名詞）	ils	彼らは、それらは（男性複数名詞）
elle	彼女は、それは（女性単数名詞）	elles	彼女らは、それらは（女性複数名詞）

・男性と女性が混合している場合、ilsを用いる。

・on：一般的な人、あるいはnousの代わりとして使われる。動詞の活用はil / elleと同じ。

2．être「～である」の直説法現在

音声 017

動詞は主語によって形を変える（活用）。動詞êtreは不規則に活用する。

je suis	nous sommes
tu es	vous êtes
il est	ils sont
elle est	elles sont

3．国籍・職業・身分の表現

音声 018

名詞は文法上の性をもち、単数と複数を区別する。国籍・職業・身分を表す名詞は、主語に合わせて性が変化するものがある。

男性形＋e＝女性形　男性形がeで終わる語は女性形も同じ形をとる。

単数形＋s＝複数形　単数形がsで終わる語は複数形も同じ形をとる。女性複数形は-esになる。

Il est étudiant.　　　Elle est étudiante.
Ils sont étudiants.　　Elles sont étudiantes.

形容詞は主語の性・数に合わせて変化する。

Je suis japonais.　　Je suis japonaise.

女性形のe、複数形のsはいずれも発音しない。

男性単数形	女性単数形	男性複数形	女性複数形
étudiant	étudiante	étudiants	étudiantes
japonais	japonaise	japonais	japonaises
français	française	français	françaises
chinois	chinoise	chinois	chinoises
belge	belge	belges	belges
marié	mariée	mariés	mariées
célibataire	célibataire	célibataires	célibataires

4. はい・いいえで答える疑問文

音声 019

- **文末のイントネーションを上げる** [主語＋動詞 ... ?]

　Vous êtes japonais ? ↗

- **文頭にest-ce que(qu')をつける** [Est-ce que 主語＋動詞 ... ?]

　Est-ce que vous êtes japonais ?

- **主語と動詞を倒置する** [動詞 - 主語 ... ?]

　Êtes-vous japonais ?

- **答え方**

　Oui, je suis japonais.
　Non, je suis français.

Mots et expressions 単語と表現

音声 020

je m'appelle ～　　Tu t'appelles comment ?　　Vous vous appelez comment ?
Enchanté(e).　　américain(e)　　anglais(e)　　espagnol(e)　　italien(ne)
en lettres / droit / économie / sociologie / technologie / physique / médecine / agriculture

練習しよう

1.（　　　）にêtreを適切な形に直して入れましょう。

1）Je（　　　　）japonais.　　2）Est-ce qu'il（　　　　）français ?

3）Nous（　　　　）mariés.　　4）Elles（　　　　）étudiantes.

2. 次の文の主語を[　]内の語に変えて、全文を書きましょう。

1）Tu es chinois.　[elle]

➡ ______________________________

2）Elle est anglaise.　[ils]

➡ ______________________________

3）Vous êtes célibataires.　[je]

➡ ______________________________

4）Sont-elles belges ?　[il]

➡ ______________________________

3. 名前・国籍・職業をいう文を作り、自己紹介しましょう。

➡ ______________________________

____

____

4. 下のイラストの人物になりきって自己紹介しましょう。

1）

・Marco
・italien
・photographe

2）

・Gabriella
・espagnole
・étudiante

3）

・Mary
・américaine
・avocate

会話してみよう！

ペアをつくり、自己紹介をする会話文を考えましょう。みんなの前で発表してみましょう。ジェスチャーも取り入れてみてください。よかったペア２組に投票しましょう。

Vocabulaire

音声 021

（職業）

étudiant / étudiante	avocat / avocate	professeur	photographe
chanteur / chanteuse	acteur / actrice	journaliste	médecin
musicien / musicienne	pâtissier / pâtissière	lycéen / lycéenne	

発信しよう

#フランスの朝食
#le petit déjeuner

フランスパン（バゲットbaguette）とそれに塗るもの（バター（beurre）、ジャム（confiture）、チョコレートペースト、クリームチーズなど）、そしてコーヒー（café）とミルク（lait）を用意します。

パンを適当な長さに切り、横からナイフを入れ二等分します。切った面に、バターやジャム、チョコレートペーストを塗ります。これをタルティーヌ（tartine）といいます。クリームチーズを塗ってさらにジャムを塗るのがおすすめです。次に、カフェ・オ・レボウル（bol）に温かいコーヒーとミルクを半分ずつ注ぎ、カフェ・オ・レ（café au lait）をつくります。

ちょっと抵抗があるかもしれませんが、タルティーヌをカフェ・オ・レにつけて食べてみてください！すてきなフランスの朝食ができたらSNSにアップ！

★フランスでは…

フランスでは、昼食（le déjeuner）と夕食（le dîner）をしっかり食べるので朝食は軽いものですませます。昼食をしっかり食べるので夕食は夜８時頃からです。旅行したときには、朝食を軽くして、お昼をしっかり食べてみましょう。食事のリズムを合わせることも旅行を楽しむコツです。もしも夕方にお腹が空いたら、パン屋さん（boulangerie）でクロワッサン（croissant）やパン・オ・ショコラ（pain au chocolat）を買って、小腹を満たしてもうひと歩きして街を楽しみましょう！

Leçon 4

住んでいる場所と出身地を言う

▸ er動詞、否定文、où、否定疑問文

– Tu habites à Paris ?
– Oui, j'habite à Paris. Et toi, tu habites où ?
– Je n'habite pas à Paris, mais j'habite à Tokyo.

– Où est-ce que vous habitez ?
– J'habite à Tokyo, mais je suis de Kyoto.
– Moi aussi, j'habite à Tokyo, mais je suis d'Osaka.

1．規則動詞 -er の直説法現在の活用

音声 023

habiter 住む	
j'habite	nous habitons
tu habites	vous habitez
il habite	ils habitent
elle habite	elles habitent

chanter 歌う	
je chante	nous chantons
tu chantes	vous chantez
il chante	ils chantent
elle chante	elles chantent

動詞の変化しない部分を語幹、変化する部分を語尾という。-erで終わる動詞は共通の語尾をもつ。

2．動詞の否定形

音声 024

• ne（n'）＋［動詞］＋ pas

être	
je **ne** suis **pas**	nous **ne** sommes **pas**
tu **n'**es **pas**	vous **n'**êtes **pas**
il **n'**est **pas**	ils **ne** sont **pas**
elle **n'**est **pas**	elles **ne** sont **pas**

habiter	
je **n'**habite **pas**	nous **n'**habitons **pas**
tu **n'**habites **pas**	vous **n'**habitez **pas**
il **n'**habite **pas**	ils **n'**habitent **pas**
elle **n'**habite **pas**	elles **n'**habitent **pas**

3．住んでいる場所や出身地

音声 025

• **habiter à ＋ 都市名**

J'habite à Yokohama.

Est-ce que tu habites à Sendai ? – Non, je n'habite pas à Sendai.

• être de (d') + 都市名

Je suis d'Aichi.

Est-ce que vous êtes de Toyama ? – Oui, je suis de Toyama.

4. 場所を尋ねる

音声 026

疑問詞 où を使って疑問文をつくる。

• **文末のイントネーションを上げる** 主語 + 動詞 + [疑問詞] ? ↗

Tu habites où ? – J'habite à Matsuyama.

Tu es d'où ? – Je suis d'Hokkaido.

※ d'où de が où の前でエリジョンしている ~~de où~~ → d'où

• **文頭に疑問詞 + est-ce que をつける** [疑問詞] + est-ce que 主語 + 動詞 ?

Où est-ce que vous habitez ? – J'habite à Tokyo.

D'où est-ce que vous êtes ? – Je suis de Fukuoka.

• **文頭に疑問詞を置き、主語と動詞を倒置する** [疑問詞 + 動詞] - 主語 ?

Où habitez-vous ? – J'habite à Kobe.

D'où êtes-vous ? – Je suis de Tottori.

Où habite-t-il ? – Il habite à Akita.

5. 否定疑問文

音声 027

Tu n'es pas français ?

– Si, je suis français. – Non, je ne suis pas français.

N'habitez-vous pas à Paris ?

– Si, j'habite à Paris. – Non, je n'habite pas à Paris.

Mots et expressions 単語と表現

音声 028

mais étudier parler aimer séjourner

allemand (e) russe Barcelone Venise Londres

練習しよう

1.（　　）に当てはまる語を入れましょう。

1）Je ne suis（　　　　）japonaise.
2）Vous（　　　　）habitez pas à Paris ?
3）（　　　　）est-ce qu'ils habitent ?

2. 次の文を否定文に書きかえましょう。

1）Tu habites à Tokyo.
➡ ______________________________

2）Nous sommes de Marseille.
➡ ______________________________

3. 次の文の主語を［　　］内の語に変えて、全文を書きましょう。

1）Tu n'habites pas à Londres ?　［ François ］
➡ ______________________________

2）Je ne suis pas allemand.　［ il ］
➡ ______________________________

3）Vous n'êtes pas russes.　［ tu ］
➡ ______________________________

4. 例にならって自己紹介の文を作りましょう。　音声 029

例）［ François / français / journaliste / Tokyo / Paris ］
➡ Je m'appelle François. Je suis français. Je suis journaliste. J'habite à Tokyo. Je suis de Paris.

1）［ Marco / italien / photographe / Paris / Venise ］
➡ ______________________________

2）［ Gabriella / espagnole / étudiante / Berlin / Barcelone ］
➡ ______________________________

3）［ Mary / américaine / avocate / New York / Miami ］
➡ ______________________________

会話してみよう！

クラスメイトと自己紹介をしあい、相手の名前、国籍、職業、住んでいる場所、出身地を表に埋めていきましょう。一番に表を完成するのは誰でしょうか？

人数の多いクラスでは、誰と会話したかわからなくなってくるので、会話した相手をきちんと覚えて、まだしていない人を見分けるのがコツです！

	名前	国籍	職業	住んでいる場所	出身地
自分					
1	Minami	japonaise	étudiante	Saitama	Saitama
2	Shinichi	japonais	étudiant	Tokyo	Kumamoto
3					
4					
5					
6					
7					
8					
9					
10					

発信しよう

#フランス映画を観よう！

#cinéma

フランス映画を観たことはありますか？フランスは映画の発祥国で、たくさんの映画が公開されています。観たことのない人は試してみてください。「アメリ」(2001)、「最強のふたり」(2011)、「シェフ！　～三ツ星レストランの裏側へようこそ」(2012)、「タイピスト！」(2012)などがおすすめです。日本映画ともアメリカ映画とも一味違った面白さがありますよ。気に入ったら古いフランス映画も観てください。カトリーヌ・ドヌーヴ主演の「シェルブールの雨傘」(1964)は、かわいいフレンチファッションも見どころです。フランス映画を観たら感想をSNSにアップ！

Leçon 5

友達を紹介する

▶ avoir、不定冠詞、定冠詞、c'est、dansとà、不規則な変化の形容詞

– Qui est-ce ?
– C'est Misaki. Elle a dix-huit ans. Elle travaille dans un café. Elle est aimable et très gentille.

– Qui est-ce ?
– C'est Takashi. Il a vingt ans. Il travaille à la bibliothèque. Il est sympa et sérieux.

– Qu'est-ce que c'est ?
– C'est un gâteau au chocolat.
– C'est comment ?
– C'est très bon.

1. avoir「～を持つ」の活用

音声 031

j'ai	nous avons
tu as	vous avez
il a	ils ont
elle a	elles ont

・avoirを使った表現

avoir faim　　avoir soif
avoir chaud　　avoir froid
avoir sommeil　　avoir raison

● 数詞 1～20

音声 032

1	un / une	2	deux	3	trois	4	quatre	5	cinq	6	six	7	sept
8	huit	9	neuf	10	dix	11	onze	12	douze	13	treize	14	quatorze
15	quinze	16	seize	17	dix-sept	18	dix-huit	19	dix-neuf	20	vingt		

● 年齢　avoir + 数詞 + ans

音声 033

J'ai dix-huit ans.　　J'ai vingt ans.

2. 不定冠詞

音声 034

名詞は数えられる場合と数えられない場合に分かれる。不定冠詞は、名詞が数えられる場合で、「ひとつの～」、「ある～」を表し、名詞の前につく。

	単数形	複数形
男性形	un	des
女性形	une	

un livre　　des livre*s*
une pomme　　des pomme*s*

3. 定冠詞

音声 035

特定されたもの、一般的なものを表す。

	単数形	複数形
男性形	le (l')※	les
女性形	la (l')※	

le livre　l'arbre　les livres
la pomme　l'histoire　les pommes
※母音字もしくはhで始まる語の前の形

4. それ(彼・彼女)は～です

音声 036

- c'est + 人・もの

[人が誰だか尋ねるとき]　Qui est-ce ? / C'est qui ?　– C'est François.
[ものを尋ねるとき]　Qu'est-ce que c'est ?　– C'est une tarte aux pommes.
– Ce sont des livres.

- 人やものがどんなふうかをいう

[主語が名詞・代名詞の場合]　Il est comment ?　– Il est sympa mais un peu timide.
➡形容詞は主語と性数を一致させる。　※sympaは女性形も同じ形。
[c'estの場合]　C'est comment ?　– C'est délicieux.
➡形容詞は男性単数形。

5. 場所を表す前置詞dansとà

音声 037

- dans + 不定冠詞 + 名詞

J'habite tout seul dans un studio. C'est confortable.
dans un magasin / un restaurant / un supermarché / une boutique

- à + 定冠詞 + 名詞

Elle est étudiante à l'université de Kyoto. Elle est studieuse.
à la banque / à la librairie / à la mairie / à la maison

6. 不規則な性・数の変化をする形容詞

音声 038

beau (bel)　belle　beaux　belles　/　gentil　gentille　gentils　gentilles
malin　maligne　malins　malignes　/　fou　folle　fous　folles
-auで終わる名詞、形容詞は複数形では-auxとなる。　gâteau ➡ gâteaux

Mots et expressions 単語と表現

音声 039

gâteau au chocolat　bon / bonne　délicieux / délicieuse　intelligent
sérieux / sérieuse　C'est amusant / intéressant.

練習しよう

1．(　　　) に不定冠詞を、[　　　] には定冠詞を入れましょう。

1) C'est (　　　) café. C'est [　　　] café de la Paix.
2) C'est (　　　) maison. C'est [　　　] maison de Marie.
3) Ce sont (　　　) livres. Ce sont [　　　] livres de Paul.

2．次の文の主語を [　　　] 内の語に変えて、全文を書きましょう。

1) Il est gentil. [elle]
➡ ______________________________

2) Elle a faim. [ils]
➡ ______________________________

3) Tu es sympa. [elles]
➡ ______________________________

4) Nous avons dix-huit ans. [tu]
➡ ______________________________

3．例にならって友達を紹介する文を作りましょう。 音声 040

例) C'est Yuki. Il est étudiant. Il a dix-huit ans. Il travaille dans un restaurant japonais*. Il est sérieux et intelligent.

*和食レストラン

____

____

Vocabulaire

音声 041

(外見・性格・色)

grand / petit　gros(grosse) / mince　lourd / léger(légère)
bon(bonne) / mauvais　calme　drôle　sincère　sympa　gentil(gentille)
timide　gai　formidable　mignon(mignonne)　actif(active)
bleu　blanc(blanche)　rouge　noir　vert　marron　gris　blond　brun

会話してみよう！

ペアをつくり、練習しようで使った表現を参考に、相手をみんなの前で紹介してみましょう。最初にみんなでQui est-ce ? / C'est qui ?と声をかけましょう。

・Qui est-ce ?　– C'est Yuki !

発信しよう

#香水をつけてみよう！
#parfum

香水(parfum)はフランスの重要な文化です。フランスにはたくさんの種類の香水があり、化粧品を売っているのは香水店(parfumerie)です。男女問わずみんな自分の気に入った香水をつけます。フランスに行ったらぜひ香水店に立ち寄って自分の気に入った香りを探してみてください。自分の好きな香水に出会ったらSNSにアップ！

香水は濃度によってパルファンparfum、オー・ド・パルファンeau de parfum、オー・ド・トワレeau de toilette、オー・デ・コロンeau de Cologneに区分されます。濃度が高いと長持ちします。

フランスでは日本とは比べ物にならないくらい、香水のCMが多く、有名な映画監督がCMを撮影している場合も少なくありません。例えば、リュック・ベッソン監督やジャン=ピエール・ジュネ監督(シャネルN°5)、ソフィー・コッポラ監督(ミス ディオール)などです。

日本では湿度が高いためか、あまり香水は好まれないこともあります。傾向としては柑橘系やバニラといった香りは好まれます。

	香料濃度	持続時間
parfum	15~20%	約5~7時間
eau de parfum	10~15%	約5時間
eau de toilette	5~10%	約3~4時間
eau de Cologne	2~5%	約1~2時間

Leçon 6

好きなひと・好きなものを言う

▸ aimer、所有形容詞、直接目的語代名詞、pourquoi

- J'aime beaucoup les gâteaux au chocolat.
- Moi aussi, j'aime beaucoup ça.

- Tu aimes ma sœur ?
- Oui, bien sûr, je l'aime à la folie.
- Pourquoi ?
- Parce qu'elle est très mignonne et gentille.

- Mon frère a deux enfants.
- Il les aime.

音声 042

1. 好き嫌いの表現

音声 043

• 主語 + 動詞 + ［名詞］（＝直接目的語）

「～を」のように動詞の対象となる名詞を目的語という。また、動詞と目的語の間に前置詞が入らない場合を直接目的語という。好き嫌いを表す動詞の直接目的語にあたる名詞には、一般的なものを表す定冠詞をつける。

aimer +	［定冠詞］ +	［名詞］	
好む	複数形	数えられる名詞	J'aime les chats.
	単数形	数えられない名詞（液体など）※	J'aime le café. ※Leçon7 2.部分冠詞参照

• love? like?

aimerは英語のloveとlikeの意味を併せもつ。恋人や家族以外にlikeの意味で使う場合には程度を表す副詞をつける。物に対してはこの区別はない。

J'aime Marie. 愛している

J'aime bien François. （友人として）好きだ　J'aime beaucoup Laure. （友人として）大好きだ

2. 所有形容詞

音声 044

名詞の所有者を表す。名詞の性・数に応じて変化する。

	1人称単数 私の	2人称単数 君の	3人称単数 彼(女)の	1人称複数 私たちの	2人称複数 あなた(たち)の	3人称複数 彼(女)らの
男性単数	mon	ton	son	notre	votre	leur
女性単数	ma (mon)※	ta (ton)※	sa (son)※	notre	votre	leur
複数	mes	tes	ses	nos	vos	leurs

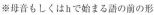

※母音もしくはhで始まる語の前の形

mon père	ma mère	mon amie	mes parents
son frère	sa sœur		ses frères et sœurs
notre dictionnaire	notre maison		nos voitures

J'ai un frère et une sœur. Mon frère a dix-sept ans. Il est lycéen. Ma sœur a quinze ans. Elle est collégienne.

3．直接目的語代名詞

音声 045

定冠詞や所有形容詞のついた名詞を目的語で繰り返すとき、直接目的語代名詞に置き換え、動詞の前に置く。

私を	me (m')※	私たちを	nous
君を	te (t')※	あなた(たち)を	vous
彼を(それを男性単数名詞)	le (l')※	彼(女)らを(それらを)	les
彼女を(それを女性単数名詞)	la (l')※		

※母音もしくはhで始まる語の前の形

- **語順　主語 + (ne) + 直接目的語代名詞 + 動詞 + (pas)**

J'aime bien le prof de français. ➡ Je l'aime bien.

Tu m'aimes ? – Non, je ne t'aime pas.

- **目的語が物で一般的なものを表す定冠詞のつく場合、直接目的語代名詞よりはçaで置き換える**

Tu aimes les tartes aux pommes ? – Oui, j'aime beaucoup ça.

4．疑問詞 pourquoi

音声 046

原因・理由を尋ねる。答えるときはparce que(qu')を用いる。

Pourquoi n'aimes-tu pas Tadashi ?

Parce qu'il est brutal et méchant avec moi.

Mots et expressions 単語と表現

音声 047

ami(e)　　trop　　bien sûr

J'aime un peu / bien / beaucoup / passionnément / à la folie.

練習しよう

1．(　　　)に文末の指示に合った所有形容詞を入れましょう。

1）(　　　　) père aime les pommes?

– Non, (　　　　) père n'aime pas les pommes. ［君の／私の］

2）C'est (　　　　) maison. ［彼の］

3）C'est (　　　　) adresse. ［私の］

4）Ce sont (　　　　) livres ?

– Non, ce sont (　　　　) livres. ［あなたの／彼女たちの］

2．次の質問に直接目的語代名詞を使って答えましょう。

1）Tu m'aimes ?

– Oui, ______________________________ .

2）Elle n'aime pas ses parents ?

– Si, ______________________________ .

3）Vous aimez la voiture de Paul ?

– Oui, ______________________________ .

4）Ils aiment les chiens ?

– Non, ______________________________ .

3．次の質問に答えましょう。

1）Tu aimes les chats ?

– ______________________________ .

2）Pourquoi ?

– ______________________________ .

Vocabulaire

音声 048

（性格・趣味）

malin (maligne)　　fidèle　　méchant

aimer les jeux vidéo / le sport / la musique / la lecture / le voyage

会話してみよう！

音声049

ペアをつくり、好きな人やものについて会話を考えてみましょう。そしてクラスのみんなの前で発表しましょう。

例）

A ：J'aime les chats.

B ：Pourquoi ?

A ：Parce qu'ils sont trop mignons ! J'ai un chat chez moi. Et toi, tu aimes les chats ou les chiens ?

C ：Tu as des frères et sœurs ?

D ：Oui, j'ai un frère et une sœur. Je les aime. Mon frère est intelligent. Il aime les livres. Ma sœur est active. Elle aime le sport.

発信しよう

#パリジェンヌになろう！

#parisienne

パリを主題にした映画には共通のパリジェンヌParisienneのイメージがあります。例えばオードリー・ヘップバーン主演の『麗しのサブリナ』（1954）や『パリの恋人』（1957）は、いずれもアメリカの田舎娘がパリに行ってすてきな女性に変身する物語です。パリは少女が大人に、田舎者が洗練された都会人に変身する場所なのです。

また、男性の場合なら例えば映画『ミッドナイト・イン・パリ』（2011）のように主人公の男性は芸術家artisteに変身します。

パリに行かなくとも変身できる3つのアイテムを紹介します。パリジェンヌに変身したら写真をSNSにアップしてみてください！

❶香水…大人の女性の象徴

❷黒いワンピース…1926年にシャネルが黒いワンピース（リトル・ブラック・ドレスla petite robe noire）を発表して一世を風靡して以来、黒いワンピースはパリのモードの象徴です。

❸赤いバラ…バラは男性が贈るもので、赤いバラは恋愛の象徴です。また黒い服に赤いバラはアクセントとしてとても映えます。

Leçon 1 ~ 6

まとめの練習問題

*各問題の内容を扱う Leçon を［ ］で示しています。

Ⅰ．次の質問に対する適切な答えの文を選びなさい。

1）Tu es chinoise ?［3］

a. Non, je suis anglaise.　b. Non, je suis japonais.

2）Où est-ce que vous habitez ?［4］

a. Oui, j'habite à Paris.　b. Nous habitons à Marseille.

3）Ils ont une maison ?［5］

a. Oui, ils ont une maison.　b. Non, ils sont étudiants.

4）C'est votre chat ?［6］

a. Oui, c'est mon chat.　b. Oui, c'est son chat.

Ⅱ．日本語の意味に合うように（　）に適切な語を入れなさい。

1）お元気ですか？［2］

（　　　　）allez-vous ?

2）わたしの名前はフランソワです。［3］

Je（　　　　）François.

3）わたしは大阪出身です。［4］

Je suis（　　　　）Osaka.

4）彼女は18歳です。［5］

Elle a dix-huit（　　　　）.

Ⅲ．日本語の意味に合うように、単語を並べ替えて文を作りなさい。

1）わたしはチョコレートケーキが大好きです。［6］

［ aime / au / beaucoup / chocolat / gâteaux / j' / les / . ］

➡ ______________________________

2）彼は図書館で働いています。［5］

［ à / bibliothèque / il / la / travaille / . ］

➡ ______________________________

3）わたしはパリに住んでいません。［4］

［ à / habite / je / n' / Paris / pas / . ］

➡ ______________________________

4）わたしはフランス人です。［3］

［ français / je / moi / suis / , / . ］

➡ ______________________________

Ⅳ．下線部を（　　）内の語に変えて全文を書きなさい。

1）Je suis japonais. （ ils ）［3］

➡ ______________________________

2）Il habite à Tokyo. （ elles ）［4］

➡ ______________________________

3）Il est gentil et sympa. （ elle ）［5］

➡ ______________________________

4）Ce sont ses livres. （ voiture ）［6］

➡ ______________________________

Ⅴ．文を聞き取って書きなさい。

音声 050

1）______________________________

2）______________________________

3）______________________________

4）______________________________

オ　シャン　ゼリゼ
Aux Champs-Élysées（ダニエル・ビダルver.）

作曲・作詞：Mike Deighan, Mike Wilsh／訳詞：Pierre Delanoe

ジュ　ム　バラデ　シューる　ラヴニュ　ル　クーる　ウヴェーる　ア　ランコニュ
Je me baladais sur l'avenue le cœur ouvert à l'inconnu
ジャヴェ　ザンヴィ　ド　ディーる　ボンジューる　ア　ナンポるト　キ
J'avais‿envie de dire bonjour à n'importe qui
ナンポるト　キ　ス　フュ　トワ　ジュ　テ　ディ　ナンポるト　クワ
N'importe qui ce fut toi, je t'ai dit n'importe quoi
イル　シュフィゼ　ド　トゥ　パるレ　プーる　タプりヴワゼ
Il suffisait de te parler, pour t'apprivoiser

オ　シャン　ゼリゼ　オ　シャン　ゼリゼ
Aux Champs-Élysées, aux Champs-Élysées
オ　ソレイユ　スー　ラ　プリュイ　ア　ミディ　ウ　ア　ミニュイ
Au soleil, sous la pluie, à midi ou à minuit
イ　リ　ヤ　トゥー　ス　ク　ヴー　ヴーレ　オ　シャン　ゼリゼ
Il⁀y a tout ce que vous voulez aux Champs-Élysées

チュ　マ　ディ　ジェ　らンデ-ヴー　ダン　ザン　スー　ソル　アヴェック　デ　フー
Tu m'as dit "J'ai rendez-vous dans‿un sous-sol avec des fous
キ　ヴィーヴ　ラ　ギターる　ア　ラ　マン　デュ　ソワーる　オ　マタン
Qui vivent la guitare à la main, du soir au matin"
アローる　ジュ　テ　アコンパニェ　オン　ナ　ダンセ　オン　ナ　シャンテ
Alors je t'ai accompagnée, on‿a dansé, on‿a chanté
エ　ロン　ナ　メーム　パ　パンセ　ア　サンブらッセ
Et l'on n'a même pas pensé à s'embrasser

オ　シャン　ゼリゼ　オ　シャン　ゼリゼ
Aux Champs-Élysées, aux Champs-Élysées
オ　ソレイユ　スー　ラ　プリュイ　ア　ミディ　ウ　ア　ミニュイ
Au soleil, sous la pluie, à midi ou à minuit
イ　リ　ヤ　トゥー　ス　ク　ヴー　ヴーレ　オ　シャン　ゼリゼ
Il⁀y a tout ce que vous voulez aux Champs-Élysées

イエーる ソワーる ドゥ ザンコニュ エ ス マタン シューる ラヴニュ
Hier soir deux‿inconnus et ce matin sur l’avenue
ドゥ ザムるー トゥー テトゥるディ パーる ラ ロング ニュイ
Deux‿amoureux tout‿étourdis par la longue nuit
エ ド レトワール ア ラ コンコるド アン ノるケストる ア ミル コるド
Et de l’Étoile à la Concorde, un‿orchestre à mille cordes
トゥー レ ゾワゾー デュ ポワン デュ ジューる シャント ラムーる
Tous les‿oiseaux du point du jour chantent l’amour

オ シャン ゼリゼ オ シャン ゼリゼ
Aux Champs-Élysées, aux Champs-Élysées
オ ソレイユ スー ラ プリュイ ア ミディ ウ ア ミニュイ
Au soleil, sous la pluie, à midi ou à minuit
イ リ ヤ トゥー ス ク ヴー ヴーレ オ シャン ゼリゼ
Il⁀y a tout ce que vous voulez aux Champs-Élysées

Leçon 7

カフェで注文する

▶ mangerとboire、部分冠詞、強勢形代名詞、否定のde、vouloir

– Le matin, je mange du pain avec de la confiture. Et je bois du café au lait.

– Moi, le matin, je ne mange pas de pain, mais je mange du riz avec de la soupe miso.

– Un café, s'il vous plaît.

– Je voudrais un sandwich au jambon, s'il vous plaît.

– C'est combien ?

– 5 euros, Mademoiselle.

1. 動詞 manger, boire

音声 052

manger 食べる	
je mange	nous mangeons
tu manges	vous mangez
il mange	ils mangent
elle mange	elles mangent

boire 飲む	
je bois	nous buvons
tu bois	vous buvez
il boit	ils boivent
elle boit	elles boivent

2. 部分冠詞

音声 053

量を表す(数えられない)場合や抽象的な名詞につける。

男性 du	女性 de la	母音・hで始まる de l'

Je mange du pain. Je bois du vin. Je bois de l'eau minérale.

Je mange de la viande. Je bois de la bière.

Du courage ! Tu as de la chance !

注文のときにひとつ、ふたつ…と数えて考える場合は数詞を使う。

Je bois du café. / Un café, s'il vous plaît.

3. 強勢形代名詞

音声 054

私	moi	私たち	nous
君	toi	あなた(たち)	vous
彼	lui	彼ら	eux
彼女	elle	彼女ら	elles

使い方

1) C'est の後　C'est toi.

2) 前置詞の後　Il mange chez lui.

3) 独立して　Je voudrais un jus d'orange.

— Moi aussi.

4．否定の冠詞 de

音声 055

直接目的語につく不定冠詞、部分冠詞は否定文で de になる。

Je mange un croissant. ➡ Je ne mange pas de croissant.

Je bois du jus d'orange. ➡ Je ne bois pas de jus d'orange.

• 数詞 21～60

音声 056

20	vingt	30	trente	40	quarante	50	cinquante
21	vingt et un	31	trente et un	41	quarante et un	51	cinquante et un
22	vingt-deux	32	trente-deux	42	quarante-deux	⋮	⋮
23	vingt-trois	33	trente-trois	43	quarante-trois	60	soixante
24	vingt-quatre	34	trente-quatre	44	quarante-quatre	61	soixante et un
25	vingt-cinq	35	trente-cinq	45	quarante-cinq		
26	vingt-six	36	trente-six	46	quarante-six		
27	vingt-sept	37	trente-sept	47	quarante-sept		
28	vingt-huit	38	trente-huit	48	quarante-huit		
29	vingt-neuf	39	trente-neuf	49	quarante-neuf		

5．vouloir「～がほしい」を使った表現

音声 057

je veux	nous voulons
tu veux	vous voulez
il veut	ils veulent
elle veut	elles veulent

je voudrais は je veux の丁寧な言い方。

Tu veux encore du pain ?

Je ne veux pas manger de croissant.

Vous voulez du café ?

6．カフェやお店での表現

音声 058

Un chocolat chaud, s'il vous plaît !　Je voudrais une crème brûlée, s'il vous plaît.

Vous désirez ?　Et avec ça ? / Ce sera tout ?　C'est tout.

• 値段を聞く、言う

L'addition, s'il vous plaît.

C'est combien ? – 6 euros.　Ça fait combien ? – 25 euros.

1 euro / 3 euros / 1,30 euros / 9,50 euros / 18,40 euros

Mots et expressions 単語と表現

音声 059

avec　chez　argent　quelque chose　glace　thé

練習しよう

1.（　　）に適切な部分冠詞を入れましょう。

1）Vous mangez (　　　　　) glace ?

2）Tu as (　　　　　) argent ?

3）Je bois (　　　　　) vin.

2. 次の文の主語を［　　］内の語に変えて、全文を書きましょう。

1）Je veux du pain.　[nous]

➡ ______________________________

2）Tu bois de l'eau.　[ils]

➡ ______________________________

3）Vous mangez un sandwich.　[elle]

➡ ______________________________

3. 次の質問に答えましょう。

1）Tu bois de la bière ?

– Non, ______________________________ .

2）Marie est avec toi ?

– Oui, ______________________________ .

3）Vous mangez quelque chose ?

– Oui, ______________________________ .

会話してみよう！

音声 060

ペアをつくり、メニューと会話例を参考にカフェで注文する会話を考えてみましょう。そしてクラスのみんなの前で発表しましょう。

例）

A：Bonjour, Mademoiselle !

B：J'ai un petit peu faim. Je voudrais manger quelque chose.

A：Nous avons... des sandwichs, des croque-monsieurs, des quiches, des omelettes et des steaks frites...

B：Alors, un sandwich jambon-fromage, s'il vous plaît.

A：Et comme boisson ?* 　*飲み物は何にしますか　Leçon 8 2. 参照

B：Une eau minérale gazeuse, s'il vous plaît.

sandwich 男：5 euros	croque-monsieur 男：7 euros	quiche 女：10 euros
omelette 女：8 euros	steak frites 男：12 euros	
vin blanc (verre)：7 euros	vin rouge (verre)：7 euros	bière：6 euros
eau minérale：5 euros	thé：4 euros	café：4 euros

発信しよう

#フランス雑貨で部屋をおしゃれに！

#intérieur #ma chambre

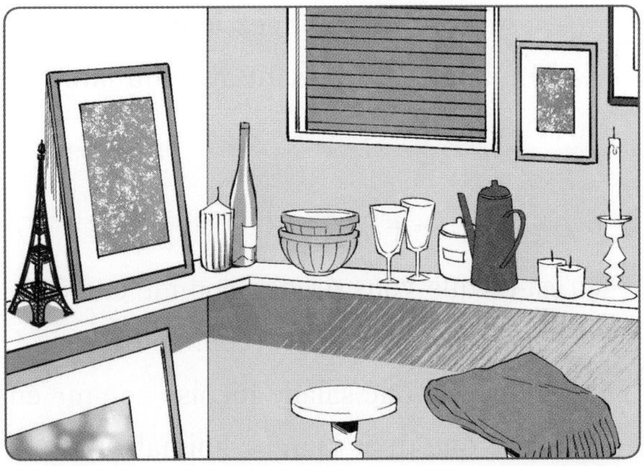

フランスでは蚤の市（marché aux puces）や古道具市（brocante）で気に入った家具や食器などを見つけて部屋を飾ります。北の街リールで９月の第１週の週末に行われるブラッドリ（braderie）は、ヨーロッパ最大の蚤の市です。

日本でも手に入り、部屋を簡単にフランス風にできる雑貨を紹介します。すてきな部屋の写真をSNSにアップしましょう！

❶カフェ・オ・レ・ボウル（bol）…コーヒーとミルクを半分ずつ注いで飲みます。カフェ・オ・レだけでなく、スープやシリアル、サラダを入れたりいろいろ使えます。フランス留学経験のある方は、茶碗やどんぶりとして使ったこともあるでしょう。

❷キャンドル（bougie）…電気を消して、キャンドルの灯りで食卓を囲むのはとてもロマンチックです。置いてあるだけでヨーロッパの雰囲気がでます。ただし、火の扱いにはご注意を！

❸エッフェル塔（la tour Eiffel）のオブジェ…いわずとしれたパリの象徴。これがあれば気分はどこでもパリです。

Leçon 8

レストランを楽しむ・人を招く

▸ prendre、que、qui、allerとvenir

音声 061

– Nous sommes deux personnes.
– Qu'est-ce que vous prenez comme entrée ?
– Je vais prendre une assiette de saumon fumé, s'il vous plaît.

– Qui est-ce que tu invites à dîner aujourd'hui ?
– C'est Aki.

– Tu viens chez nous pour le déjeuner ?
– Merci. Mais je viens de manger un sandwich à la boulangerie.

1．動詞 prendre「～を取る／つかむ／得る」

音声 062

je prends	nous prenons
tu prends	vous prenez
il prend	ils prennent
elle prend	elles prennent

Je prends un taxi de temps en temps.
Je prends un bain tous les jours.

2．疑問詞 qu'est-ce que / quoi「何を」

音声 063

Qu'est-ce que vous mangez le matin ? / Tu manges quoi le matin ?
– Je mange un croissant avec du lait.
Qu'est-ce que tu as ?

• どんな～を…ですか？［Qu'est-ce que 主語＋動詞 comme 名詞？］
Qu'est-ce que vous prenez comme entrée ?
comme plat principal / comme dessert / comme boisson
– Je prends une salade niçoise comme entrée.
Qu'est-ce que tu as comme animal ?
– J'ai un lapin.

3．疑問詞 qui est-ce que / qui「誰を」

音声 064

Qui est-ce que tu aimes ? / Tu aimes qui ?
– J'aime Takeru.

4. 動詞allerと動詞venir

音声 065

aller 行く	
je vais	nous allons
tu vas	vous allez
il va	ils vont
elle va	elles vont

venir 来る	
je viens	nous venons
tu viens	vous venez
il vient	ils viennent
elle vient	elles viennent

Je vais à Paris avec ma famille.　Je viens de chez moi.

- **近接未来形** ［ aller + 不定詞※ ］ ※活用していない動詞の形

近い未来や意志を表す。

Je vais prendre un café.　Je vais vous inviter à dîner chez moi.

- **近接過去形** ［ venir de + 不定詞 ］

直前の行為を表す。

Je viens de manger un gâteau chez mes parents.

- **数詞 70～100**

音声 066

70	soixante-dix	80	quatre-vingts	90	quatre-vingt-dix	100	
71	soixante et onze	81	quatre-vingt-un	91	quatre-vingt-onze	cent	
72	soixante-douze	82	quatre-vingt-deux	92	quatre-vingt-douze		
73	soixante-treize	83	quatre-vingt-trois	93	quatre-vingt-treize		
74	soixante-quatorze	84	quatre-vingt-quatre	94	quatre-vingt-quatorze		
75	soixante-quinze	85	quatre-vingt-cinq	95	quatre-vingt-quinze		
76	soixante-seize	86	quatre-vingt-six	96	quatre-vingt-seize		
77	soixante-dix-sept	87	quatre-vingt-sept	97	quatre-vingt-dix-sept		
78	soixante-dix-huit	88	quatre-vingt-huit	98	quatre-vingt-dix-huit		
79	soixante-dix-neuf	89	quatre-vingt-neuf	99	quatre-vingt-dix-neuf		

5. レストランでの表現

音声 067

À votre santé !　Ça a l'air bon !　Ça sent bon !　C'est bon !　C'est délicieux !
C'est succulent !　C'est copieux pour moi.　On va partager.　Je vous invite.

Mots et expressions 単語と表現

音声 068

dîner　déjeuner　petit déjeuner　aujourd'hui　Vous avez choisi ?
Avec plaisir !

練習しよう

1.（　　）に与えられた動詞を適当な形に活用させて入れましょう。

1）Je（　　　　）le menu à 20 euros.　[prendre]

2）Il（　　　　）à Marseille.　[aller]

3）Tu（　　　　）de Paris ?　[venir]

2．次の文を指示に従って書きかえましょう。

1）Je prends une soupe de poisson.（近接未来の文に）

➡ ______________________________

2）Il mange de la viande.（近接未来の文に）

➡ ______________________________

3）Nous buvons de la bière.（近接過去の文に）

➡ ______________________________

4）Elles prennent un taxi.（近接過去の文に）

➡ ______________________________

3．[　　] 内の語を使って質問に答えましょう。

1）Qu'est-ce que tu vas manger ?　[du poisson]

➡ ______________________________

2）Qui est-ce que vous invitez ?　[Paul]

➡ ______________________________

3）Qu'est-ce que vous prenez comme entrée ?　[une assiette de jambon]

➡ ______________________________

会話してみよう！

音声 069

下のメニューと会話例を参考に、ペアでレストランで注文する会話を考えて、クラスで発表しましょう。よかったペアに投票しましょう。

例）

A：Bonsoir, Monsieur ! Vous êtes combien ?

B：Bonsoir, Madame ! Je suis seul. Je voudrais le menu à 25 euros, s'il vous plaît.

A：Très bien. Qu'est-ce que vous prenez comme entrée ?

B：Une salade niçoise, s'il vous plaît.

A：Très bien. Comme plat principal ?

B：Je voudrais un steak frites. Et comme dessert, une tarte aux poires, s'il vous plaît.

A：Et comme boisson, Monsieur ?

B：Un verre de vin rouge, et une carafe d'eau, s'il vous plaît.

B：L'addition, s'il vous plaît.

A：Voilà, Monsieur.

B：Merci, Madame ! Au revoir !

Formule à 25 euros

~~ Entrée ~~

Soupe à l'oignon　Salade niçoise
Assiette de jambon　Escargots

~~ Plat ~~

Steak frites　Couscous
Ficelle picarde　Pavé de saumon

~~ Dessert ~~

Crème brûlée　Tarte aux poires
Glace　Île flottante

~~ Boisson ~~

Vin rouge　Vin blanc　Bière
Café　Thé　Tisane

発信しよう

#フランスのミネラル・ウォーターを利き水！

#eau minérale

水は含まれるミネラルの量によって軟水と硬水に分かれます。日本の水は軟水ですが、フランスの水はミネラル分が豊富な硬水が多いです。コーヒーや紅茶に硬水を使うとおいしくありませんが、野菜や肉をじっくり煮込む際に使うと煮崩れしません。

日本でもフランスの代表的なミネラル・ウォーター（eau minérale naturelle）は入手できますので、味の違いで水を当てられるか試してみましょう。

●代表的なフランスのミネラル・ウォーターと硬度

ボルヴィック Volvic［60mg/L］（日本の水と同じ硬度）　エビアン Evian［304mg/L］
ヴィッテル Vittel［315mg/L］　コントレックス Contrex［1468mg/L］

ラベルと硬度を確かめながら飲み比べます。硬度によって味と舌ざわりが違います。次に味だけで銘柄を当ててください。まったく当たらなかった人は…生活習慣を見直してください！

Leçon 9

家事・買い物をする

▶ faire、pouvoir、間接目的語代名詞、指示形容詞、形容詞の位置、比較級・最上級

– Je fais le ménage, et je fais les courses dans un supermarché. Tu peux m'aider ?
– Désolé, je vais faire du shopping, et je vais faire de la guitare.

– Je vous donne un cadeau pour votre anniversaire.
– Cette robe bleue vous va très bien.
– Ça me plaît beaucoup.

– Ce pull-ci est plus joli que ce pull-là.
– Cette jupe-ci est moins chère que cette jupe-là.
– Ce chapeau est le plus cher de la boutique.
Il coûte 100 euros.

音声 070

1. 動詞 faire「～する」

音声 071

je fais	nous faisons
tu fais	vous faites
il fait	ils font
elle fait	elles font

[faire+定冠詞+名詞]
faire la cuisine
le ménage
la vaisselle
les courses

[faire+部分冠詞+名詞]
faire du shopping
du sport
du théâtre
de la musique
de la guitare

2. 動詞 pouvoir「～できる」

音声 072

je peux	nous pouvons
tu peux	vous pouvez
il peut	ils peuvent
elle peut	elles peuvent

[pouvoir+不定詞]
Je peux fumer ? – Mais non, c'est interdit ici !
Je ne peux pas faire la cuisine ce soir.

3. 間接目的語代名詞

音声 073

• 主語 + 動詞 + [前置詞 + 名詞] (=間接目的語)
動詞と名詞(目的語)の間に前置詞が入る場合、間接目的語という。
前に出てきた人を受ける場合(前置詞 à + 人)、間接目的語代名詞に置き換える。

私に	me(m')※	私たちに	nous
君に	te(t')※	あなた(たち)に	vous
彼(女)に	lui	彼(女)たちに	leur

※母音もしくはhで始まる語の前の形

Je téléphone à mon père. ➡ Je lui téléphone.

Je parle à Sachiko de mon accident. ➡ Je lui parle de mon accident.

Je vous donne un bouquet de roses.

4．指示形容詞　この・その・あの～

音声 074

	単数形	複数形
男性形	ce(cet)※	ces
女性形	cette	

※母音もしくはhで始まる語の前の形

ce pull　cette robe　ces chaussures

遠近の別、対立を示す時は、名詞に -ci, -là をつける。

ce pull-ci / ce pull-là

5．形容詞の位置

音声 075

［名詞＋形容詞］　ほとんどの形容詞は名詞の後に置き、名詞と性・数一致する。特に色、形、国籍を表す形容詞は必ず後に置く。 例 une robe bleue

［形容詞＋名詞］　beau, bon, mauvais, grand, petit, jeune, vieux, joli, long, vrai といった形容詞は名詞の前に置き、名詞と性・数一致する。 例 un beau pull　une petite robe noire

形容詞を名詞の前に置く場合、不定冠詞の複数形 des は de になる。

un petit gâteau ➡ de petit*s* gâteau*x*

6．形容詞の比較級と最上級

音声 076

比較級 { plus / aussi / moins } ＋ 形容詞 que

François est plus intelligent que Jean.

La robe noire est aussi belle que la robe rouge.

Marie est moins gentille que Michelle.

動詞が être の場合は主語と性・数一致をする。

最上級　le / la / les { plus / moins } ＋ 形容詞 de

Mon frère est le plus grand de ma famille.

Hiromi est la moins grande de mes amies.

Ces chaussures sont les plus belles de mes chaussures.

Mots et expressions 単語と表現

音声 077

Je peux essayer ?　Puis-je essayer ?　Vous avez d'autres tailles / couleurs ?

練習しよう

1.（　　　）に与えられた動詞を適当な形に活用させて入れましょう。

1）Qu'est-ce que vous（　　　　　）?　[faire]

2）Ils（　　　　　）du ski.　[faire]

3）Je（　　　　　）venir ce soir.　[pouvoir]

4）Vous（　　　　　）me téléphoner ?　[pouvoir]

2. 下線部を（　　　）内の語に変えて全文を書きましょう。

1）Je donne mon adresse <u>à mes amis</u>.（間接目的語代名詞）

➡ ____________________

2）Ce <u>sac</u> me plaît beaucoup.（robe）

➡ ____________________

3. 次の文を（　　　）内の指示に従って比較・最上級の文に書きかえましょう。

1）Jean est grand.（「Lucieよりも」という比較に）

➡ ____________________

2）Nous sommes âgés*.（「Pierreほどではない」という比較に）　*âgé：年をとった

➡ ____________________

3）Elle est intelligente.（「クラス（classe 女）の中で一番」という最上級に）

➡ ____________________

4）Il est gentil.（「私の友人の中で一番」という最上級に）

➡ ____________________

会話してみよう！

音声 078

ペアをつくり、会話例を参考に洋服の買い物をする会話を考えてみましょう。クラスで発表しましょう。よかったペアに投票してください。（100以上の数詞はp.67参照）

例）

A：Bonjour, Madame !

B：Bonjour, Monsieur. Je cherche une petite robe noire pour la fête de Noël.

A：Très bien. Nous avons ... cette petite robe noire. Quelle taille faites-vous ?*

B：Je fais du 38. Je peux l'essayer, Monsieur ?

A：Bien sûr, Madame ! Elle vous va très bien. Vous êtes la plus belle de la ville !

B：Ce n'est pas vrai ! Mais ça me plaît beaucoup. C'est combien, Monsieur ?

A：300 euros, Madame.

B：D'accord. Je la prends.

A：Merci, Madame. Au revoir. Bonne journée !

B：Au revoir, Monsieur !

*サイズはいくつですか　Leçon 11 1. 参照

Vêtements femme：une blouse（20 euros） une jupe（50 euros） une robe（300 euros）
un sac（100 euros）

Vêtements homme：une chemise（30 euros） une veste（200 euros） un jean（80 euros）

Tailles femme：34（5-XS） 36（7-S） 38（9-M） 40（11-M） 42（13-L）

Tailles homme：38（1-S） 40（2-M） 42（3-L） 44（4-LL）

発信しよう

#フランスの甘さを体験！

#gâteau

フランスのお菓子は日本のものよりも甘いことに驚くかもしれません。フランス料理の味付けの基本は塩こしょうで、砂糖をほとんど使いません。そして甘味は砂糖をふんだんに使ったデザートでまとめて摂ります。一方、日本の料理には砂糖がよく使われ、最後に甘いものをまとめて摂るデザートの必要がありません。日本の食生活に慣れた人は、フランスのお菓子を食べるととても甘く感じるのです。

巻末にフランス的甘さを体験するレシピを掲載しています。ショートケーキと食べ比べてみてください！

Leçon 10

道案内をする

▶序数詞、前置詞と定冠詞の縮約、位置を示す前置詞、命令形

– Pardon, Monsieur. Je voudrais aller à l'Opéra Garnier, s'il vous plaît.

– D'accord. Vous allez tout droit. Et puis vous prenez la première rue à droite.

– Pour aller au musée du Louvre, s'il vous plaît.

– Alors, continuez tout droit jusqu'au Pont des Arts ! Et vous allez traverser le pont. Vous allez trouver le musée juste en face.

– Vous venez d'où ?

– Je viens du Japon.

1．序数詞

音声 080

［ 数詞 + ième ］

1の序数詞は特別な形premier / premièreをとる。

prendre la première rue / la deuxième rue / la troisième rue

2．道の尋ね方・答え方

音声 081

［ Je voudrais aller à + 目的地 ］　［ Pour aller à + 目的地 ］

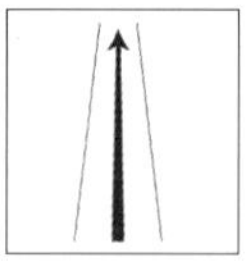

・aller tout droit
・continuer tout droit

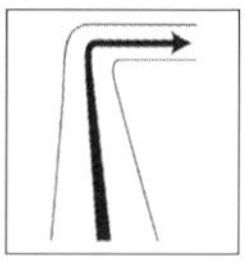

・tourner à droite
・prendre à droite

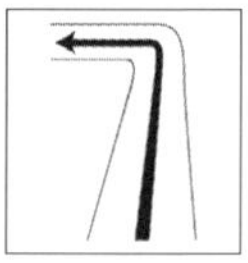

・tourner à gauche
・prendre à gauche

Vous prenez la première rue à gauche dans la rue Saint-Honoré.

Vous prenez la première rue à gauche dans l'avenue des Champs-Élysées.

Vous prenez la première rue à gauche dans le boulevard Saint-Germain.

3．前置詞 à, de と定冠詞の縮約

音声 082

à + le ➡ au	de + le ➡ du
à + les ➡ aux	de + les ➡ des
à + la ➡ à la	de + la ➡ de la

le / la + 母音字あるいはhで始まる名詞 ➡ à l' / de l'

Je vais aux Champs-Élysées.　Je viens du musée du Louvre.

• **国名の場合、女性名詞の国名だけ冠詞を省略する。**

[en + 女性国名]	[au + 男性国名]	[aux + 複数形の国名]
en France	au Japon	aux États-Unis
en Italie	au Canada	aux Philippines
en Chine	au Brésil	
Je vais en France.	Je vais au Canada.	Je vais aux États-Unis.

[de + 女性の国名]	[du + 男性の国名]	[des + 複数形の国名]
de France	du Japon	des États-Unis
Je viens de France.	Je viens du Japon.	Je viens des États-Unis.

4．交通手段

音声 083

en train　en bus　en avion　en métro　en voiture　en bateau

à vélo（en vélo）　à pied

Vous venez ici comment ?　– Je viens ici en bus et à pied.

5．位置を示す前置詞句

音声 084

sur　sous　entre A et B　devant　derrière　à côté de

du côté de　près de　loin de　en face de

6．命令形

音声 085

現在形から主語を取り除いた形。-er動詞はtuのとき語末のsを取り除く。

・chercher（er動詞）

tu cherches ➡ Cherche !

nous cherchons ➡ Cherchons !

vous cherchez ➡ Cherchez !

・aller

tu vas ➡ Va !

nous allons ➡ Allons !

vous allez ➡ Allez !

Vas-y !　Allons-y !　Allez-y !

・venir

tu viens ➡ Viens !

nous venons ➡ Venons !

vous venez ➡ Venez !

・prendre

tu prends ➡ Prends !

nous prenons ➡ Prenons !

vous prenez ➡ Prenez !

Mots et expressions 単語と表現

音声 086

l'Opéra Garnier　le musée du Louvre　le Pont des Arts　église　gare

poste　d'accord

練習しよう

1．日本語の意味に合うように（　　　）に適切な語を入れましょう。

1）Je viens à l'université（　　　　　）train.　わたしは電車で大学に来ます。

2）Vous trouvez la poste（　　　）（　　　）（　　　）musée.　郵便局は美術館の隣にあります。

3）Le chat est（　　　　　）la voiture.　ネコは車の下にいます。

2．下線部を（　　　）の中の語に変えて全文を書きかえましょう。

1）Je vais en France.（Canada）

➡ ______________________________

2）Nous venons du Brésil.（Italie）

➡ ______________________________

3）Il habite au Japon.（États-Unis）

➡ ______________________________

3．例にならって、絵を見て道案内をする文を作りましょう。　音声 087

例）

A：Je veux aller à la poste.

B：Alors, vous allez tout droit.
Prenez la première rue à gauche.
Vous trouvez la poste à votre droite.

会話してみよう！

音声 088

ペアになり、一人が相手に指示を出します。相手は指示に従って動いてください。教室から出ていろいろな場所にいってみましょう。途中で交代して、きちんと教室に戻ってきてください！

指示の例）

・Marche ! Sors de la salle de classe !

・Marche tout droit ! Tourne à droite ! Tourne à gauche !

・Descends l'escalier ! Monte l'escalier !

・Descends au premier étage !

・Entre dans la salle de classe ! Arrête-toi !* ＊代名動詞 s'attêter → Leçon 11 5.参照

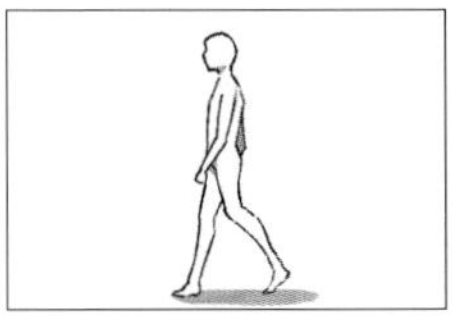
marcher

sortir

entrer

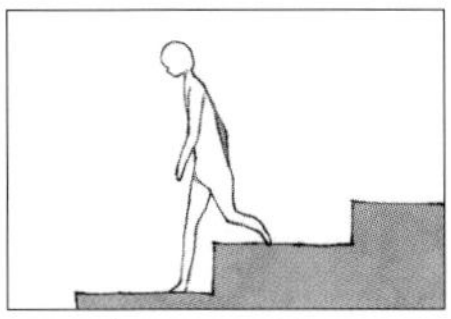
descendre

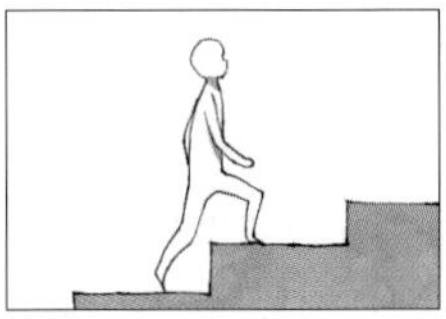
monter

発信しよう

#ガラントリーコンテスト！

#galanterie

ヨーロッパには女性に親切にすることが男らしいという伝統があります。フランス語ではガラントリー（galanterie）といいます。入口で女性に先を譲ったり、椅子を引いたり、飲み物を差し出したり、そして言葉で誉めたりします。クラスで誰が一番ガラントリー上手か、コンテストをしてみましょう。

❶ 入り口で女性にドアを開けて通します。 Bonjour, Mademoiselle ! Allez-y !

❷ 次に椅子を引きます。 Asseyez-vous !

❸ 飲み物を差し出します。 Tenez !

❹ そして女性の前に座って相手の目を見て誉めましょう。
Vous êtes belle comme une rose !

❺ そして心を込めてセリフを言います。セリフは女性役が考えて紙に書いておき（日本語でかまいません！）、あらかじめ男性役がくじ引きで引いたものを覚えておきます。「お前、可愛いすぎてなんかムカつく！」「うわー、初めて見ました、羽のついてない天使！」など。

❻ 最後に女性はお礼を言いましょう。Merci, Monsieur !
女性の投票で優勝者を決めます。女性側は男性に言って欲しいセリフを全力で考えましょう！

Leçon 11

天候・時間・日付を言う

▶ quel、非人称主語、quand、代名動詞

– Quel temps fait-il ?
– Il fait beau.
– Il pleut.

– Quelle heure est-il ?
– Il est une heure du matin.

– À quelle heure est-ce que tu te lèves ?
– Je me lève à sept heures du matin.

1．疑問形容詞

音声 090

名詞の前につき、「どんな～」「何～」を表す。名詞の性と数に応じて変化する。

	単数形	複数形
男性形	quel	quels
女性形	quelle	quelles

Quel âge avez-vous ?
Tu aimes quelle fleur ?
Vous aimez quelle musique ?
– J'aime le jazz.

2．非人称の主語 il

音声 091

天候や時間などを表す際には、形式的な主語である il を使う。

• 天候の表現

Quel temps fait-il ?　– Il fait beau. / – Il pleut.（pleuvoir） / – Il neige.（neiger）
Il fait chaud.　Il fait froid.　Il fait humide.　Il fait sec.

• 時間の表現

Quelle heure est-il ?　Il est une heure.
Il est deux heures dix.　Il est trois heures moins le quart.
deux heures et quart.　trois heures moins cinq.
deux heures et demie.
Il est midi.　Il est minuit.

〈12時間制で話す場合〉

une heure du matin / de l'après-midi
huit heures du soir

• il y a～「～がある」

Il y a des nuages.　Il y a un chat sur la table.　Il y a des livres dans la boîte.

- il faut～「～が必要である」

Il faut un parapluie aujourd'hui.　Il faut dix minutes pour aller à la gare.

3．季節　月　曜日

音声 092

au printemps	en été	en automne	en hiver
en janvier	en février	en mars	en avril
en mai	en juin	en juillet	en août
en septembre	en octobre	en novembre	en décembre

- 日付の尋ね方と答え方

［le 日＋月］ 1日のみ序数詞premierを使う。

Nous sommes quelle date ?　– Nous sommes le premier mai.

Nous sommes quel jour ?　– Nous sommes mercredi.

［en 西暦］ en 2021

100以上の数詞はp.67参照。

4．時の疑問副詞 quand

音声 093

Quand est-ce que tu passes chez moi cette semaine ?

– Je passe chez toi mercredi.

5．代名動詞の直説法現在

音声 094

再帰代名詞を伴った動詞で、人称に応じて再帰代名詞も活用する。

se lever 起きる	
je **me** lève	nous **nous** levons
tu **te** lèves	vous **vous** levez
il **se** lève	ils **se** lèvent
elle **se** lève	elles **se** lèvent

se coucher 寝る	
je **me** couche	nous **nous** couchons
tu **te** couches	vous **vous** couchez
il **se** couche	ils **se** couchent
elle **se** couche	elles **se** couchent

À quelle heure est-ce que tu te couches le soir ?

– Je me couche à onze heures du soir.

Réveille-toi vite ! Tu vas être en retard.

Mots et expressions 単語と表現

音声 095

se laver　se maquiller　s'habiller　se préparer　se promener　se trouver

Je me promène souvent / deux fois par semaine / une fois par mois.

練習しよう

1.（　　）にquelを適当な形に変えて入れましょう。

1）Vous aimez（　　　　　）fruits* ?　　*fruit 男 果物

2）（　　　　　）heure est-il ?

3）Tu aimes（　　　　　）chansons ?

2．次の文を指示に従って書きかえましょう。

1）Il neige.（「晴れ」に）

➡ ______________________________

2）Je me couche à minuit.（主語をvousに）

➡ ______________________________

3）Il est une heure.（「3時半」に）

➡ ______________________________

3．次の質問に自由に答えましょう。

1）Quel temps fait-il ?

➡ ______________________________

2）Tu te lèves à quelle heure ?

➡ ______________________________

3）Quand est-ce que tu vas au cinéma ?

➡ ______________________________

4）C'est quand, ton anniversaire ?

➡ ______________________________

会話してみよう！

音声 096

みんなの前で自分の誕生日を言いましょう。クラスメイトの誕生日を聞き取って紙に書いていきます。友達の誕生日が来たら「お誕生日おめでとう」と言ってお祝いしましょう！

– Ton anniversaire, c'est quand ?
– Mon anniversaire, c'est le 20 mars.
– Bon anniversaire !

発信しよう

#愛を語るフランス文学
#littérature

フランス文学と言われてすぐに作品が思いつかなくても、アントワーヌ・サン＝テグジュペリの『星の王子さま』（*Le Petit Prince*）は多くの人が知っているのではないでしょうか。フランス文学は他にも有名な作品として『美女と野獣』（*La Belle et la Bête*）、ユゴーの『レ・ミゼラブル』（*Les Misérables*）などがあります。

まだフランス文学を読んでない人はぜひ読んでみてください。そしてクラスのみんなと感想を話し合ってみましょう。

（有名なセリフ）
「大切なものは目に見えない」（L'essentiel est invisible pour les yeux.）ってどういうこと？

Leçon 12

過去・経験を語る

▶複合過去、c'estの過去形、疑問詞qui

- Qu'est-ce que tu as fait hier soir ?
- J'ai mangé du riz au curry. C'était bon.
  Et j'ai regardé la télé.

- Qu'est-ce que vous avez fait pendant les vacances ?
- Je suis allé en France. J'ai visité le musée du Louvre.
  C'était super !
- Je ne suis jamais allée à Paris.

- Qu'est-ce qui t'est arrivé ?
- J'ai eu un accident de vélo, mais ce n'est pas grave.

音声 098

1. 複合過去

「した」、「〜したことがある」を表す。

助動詞(avoir / être)の直説法現在 + 過去分詞

- **過去分詞**

［ 規則動詞 ］

-er ➡ -é　　donner 与える ➡ donné

［ 不規則動詞の過去分詞 ］

être ➡ été　　avoir ➡ eu　　aller ➡ allé　　venir ➡ venu

prendre ➡ pris　　faire ➡ fait　　lire ➡ lu　　voir ➡ vu

- **助動詞にavoirをとる動詞**：ほとんどの動詞が助動詞avoirをとる。

donner ➡ donné	
j'ai donné	nous avons donné
tu as donné	vous avez donné
il a donné	ils ont donné
elle a donné	elle ont donné

- **助動詞にêtreをとる動詞**：過去分詞が主語と性・数一致する。

1）「往来・発着・出入・昇降・生死」を表す動詞

aller　venir　partir(parti)　arriver　entrer　sortir(sorti)　monter　descendre(descendu)
naître(né)　mourir(mort)　rester　tomber　rentrer　revenirなど

音声 099

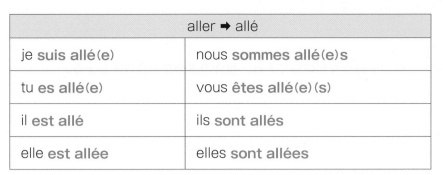

aller ➡ allé	
je **suis allé(e)**	nous **sommes allé(e)s**
tu **es allé(e)**	vous **êtes allé(e)(s)**
il **est allé**	ils **sont allés**
elle **est allée**	elles **sont allées**

2）代名動詞

se promener 散歩する ➡ se promené	
je me **suis promené(e)**	nous nous **sommes promené(e)s**
tu t'**es promené(e)**	vous vous **êtes promené(e)(s)**
il s'**est promené**	ils se **sont promenés**
elle s'**est promenée**	elles se **sont promenées**

音声 100

● **複合過去の否定形**

［ ne ＋ 助動詞 ＋ pas ＋ 過去分詞 ］

Je n'ai pas donné de cadeau à Marie.

Je ne suis pas allé en France.

Je ne me suis pas promené hier soir.

2．c'est の過去形（半過去形）

音声 101

［ c'était ＋ 形容詞 ］

C'était bien. C'était bon. C'était super. C'était magnifique.

J'ai fait de la montagne dimanche dernier. C'était dur, mais très amusant !

3．疑問詞 qui（est-ce qui），qu'est-ce qui「誰が、何が」

音声 102

Qui est-ce qui est arrivé tout à l'heure ?

Qu'est-ce qui s'est passé hier soir ?

Mots et expressions 単語と表現

音声 103

acheter　avant hier　la semaine dernière　le mois dernier

l'année dernière　il y a 〜 jours

練習しよう

1.（　　）に与えられた動詞を適当な形にして入れ、複合過去の文を作りましょう。

1）Vous（　　　　）bien（　　　　）.　[travailler]

2）J'（　　　　）（　　　　）un match de football.　[voir]

3）Il（　　　　）（　　　　）à l'université à pied.　[aller]

4）Elles（　　　　）（　　　　）de France.　[venir]

2．下線部を聞く疑問文を作りましょう。

1）Jean m'a téléphoné.

➡ ______________________________

2）Quelque chose ne va pas.

➡ ______________________________

3）Marie nous invite à dîner.

➡ ______________________________

3．指示された過去の文に書きかえましょう。

1）J'achète une robe.（複合過去）

➡ ______________________________

2）Il ne mange pas de pain.（複合過去）

➡ ______________________________

3）C'est magnifique.（半過去）

➡ ______________________________

4）Ils ne viennent pas de Paris.（複合過去）

➡ ______________________________

会話してみよう！

音声 104

会話例にならい、ペアでお互いに昨日したことを話し合い、クラスのみんなの前で発表しましょう。よかったペアに投票しましょう。

例）

A：Qu'est-ce que tu as fait hier ?

B：Je me suis levé à six heures et demie. J'ai pris le petit-déjeuner à sept heures. Et je suis allé à l'université. J'ai bien travaillé toute la journée. Après la classe, j'ai fait du foot avec mes copains de classe. Je suis rentré chez moi à sept heures du soir. Chez moi, j'ai regardé la télé, et j'ai écouté de la musique. Enfin, je me suis couché à onze heures du soir.

A：C'était une bonne journée ?

B：Oui, ça s'est bien passé.

発信しよう

#クレープを焼いてみよう！

#crêpe

2月2日はシャンドルール（la chandeleur）「ろうそく祝別の日」といい、カトリック教徒にとって「聖母マリアのお清めの祝日」です。その日にはクレープを焼いて食べる習慣があります。片手に硬貨を握り、もう片手でフライパンのクレープをうまくひっくり返すことができれば縁起がよいとされています。クレープの形が太陽に似て、春の到来を祝うという説もあります。みんなとクレープパーティをしてみてください。

［材　料］（直径25センチ程度のもの約10枚分）

・小麦粉…150g　・砂糖…75g　・塩…ひとつまみ　・卵…3個

・牛乳…500cc（ぬるめに温めておく）　・バター…25g（焦がしバターにして冷ましておく）

［生地の作り方］

❶ 小麦粉、砂糖、塩を合わせてふるう。　❷ ❶に卵を1つずつ加えて混ぜる。

❸ 牛乳、バターを加えて混ぜる。ダマのないように。　❹ ラップをして冷蔵庫で一晩寝かす。

［焼き方］

❶ フライパンをよく熱する。　❷ フライパンに薄くバターを引く。余分なバターは拭きとる。　❸ 片手でフライパンを持ち、適量の生地をお玉でフライパンの中心に入れ、素早く手首を動かしてなるべく薄く全体に広げる。生地を入れすぎると分厚くなってひっくり返せなくなる。　❹ なるべく強火で片面をこんがり色づくまで焼く。　❺ 生地の端を両指でつかみ、破れないよう手早く裏返す。生地が薄く、片面をしっかり焼くとひっくり返しやすい。　❻ 裏返したら、もう片面を短時間焼き、取り出す。

Leçon 7 ～12

まとめの練習問題

*各問題の内容を扱う Leçon を［　］で示しています。

Ⅰ. 次の質問に対する適切な答えの文を選びなさい。

1）Vous mangez de la viande ?［7］

a. Non, je ne mange pas de viande.　　b. Oui, je mange du pain.

2）Qu'est-ce que vous allez faire ce soir ?［8］

a. Je vais faire la cuisine.　　b. Il va faire beau.

3）Vous venez d'où ?［10］

a. Je viens de lui téléphoner.　　b. Nous venons d'Espagne

4）Quel jour sommes-nous ?［11］

a. Nous sommes lundi.　　b. Nous sommes cinq personnes.

Ⅱ. 日本語の意味に合うように（　　）に適切な語を入れなさい。

1）わたしはミネラルウォーターを飲みます。［7］

Je bois（　　　　）（　　　　）eau minérale.

2）わたしはさっきサンドイッチを食べました。［8］

Je（　　　　）（　　　　）（　　　　）un sandwich.

3）彼らは車でここに来ます。［10］

Ils viennent ici（　　　　）voiture.

4）わたしはルーヴル美術館を訪れました。［12］

J'ai（　　　　）le musée du Louvre.

Ⅲ. 日本語の意味に合うように、単語を並べ替えて文を作りなさい。

1）駅まで行くのに10分必要です。［11］

［ à / aller / dix / faut / gare / il / la / minutes / pour / . ］

➡ ______________________________

2）最初の通りを右に曲がってください。［10］

［ à / droite / la / première / prenez / rue / vous / . ］

➡ ______________________________

3）その青いドレスはあなたにとてもよく似合います。［9］

［ bien / bleue / cette / robe / très / va / vous / . ］

➡ ______________________________

4）昨日の夜何をした？［12］

［ as / ce / est / fait / hier / qu' / que / soir / tu / - / ? ］

➡ ______________________________

Ⅳ. 次の文を指示に従って書きかえなさい。

1）Je ne bois pas de jus d'orange. （ 肯定文に ）［7］

➡ ______________________________

2）Il va prendre un café. （ 主語をvousに ）［8］

➡ ______________________________

3）Ce sac est plus cher que cette chemise. （ 下線部を主語にして同じ意味の文に ）［9］

➡ ______________________________

4）Nous allons au cinéma. （ 命令文に ）［10］

➡ ______________________________

Ⅴ. 文を聞き取って書きなさい。

音声 105

1）______________________________

2）______________________________

3）______________________________

4）______________________________

♪フランス語で歌ってみよう❸

ラ　ヴィ　アン　ろーズ

La vie en rose

作曲：LOUIGUY／作詞：Edith Piaf

デ　ジュー　キ　フォン　ベッセ　レ　ミヤン
Des‿yeux qui font baisser les miens
アン　りーる　キ　ス　ぺーる　シューる　サ　ブーシュ
Un rire qui se perd sur sa bouche
ヴォワラ　ル　ぽるトれ　サン　るトゥーシュ
Voilà le portrait sans retouche
ド　ロム　オケル　ジャパるティヤン
De l'homme auquel j'appartiens

カン　ティル ム　ぷらン　ダン　セ　ぶら
Quand‿il me prend dans ses bras
イル　ム　パるル　トゥー　バ
Il me parle tout bas
ジュ　ヴォワ　ラ　ヴィ　アン　ろーズ
Je vois la vie en rose

イル　ム　ディ　デ　モ　ダムーる
Il me dit des mots d'amour
デ　モ　ド　トゥー　レ　ジューる
Des mots de tous les jours
エ　サ　ム　フェ　ケルク　ショーズ
Et ça me fait quelque chose

イ　レ　タントれ　ダン　モン　クーる
Il est‿entré dans mon cœur
ユヌ　パーる　ド　ボヌーる
Une part de bonheur
ドン　ジュ　コネ　ラ　コーズ
Dont je connais la cause

セ　リュイ　プーる　モワ　モワ　プーる　リュイ　ダン　ラ　ヴィ
C'est lui pour moi, moi pour lui dans la vie
イル　ム　ラ　ディ　ラ　ジュれ　プーる　ラ　ヴィ
Il me l'a dit, l'a juré pour la vie

エ　デ　ク　ジュ　ラペるソワ
Et dès que je l'aperçois
アローる　ジュ　サン　ザン　モワ
Alors je sens‿en moi
モン　クーる　キ　バ
Mon cœur qui bat

デ　ニュイ　ダムーる　ア　プリュ　フィニーる
Des nuits d’amour à plus finir
アン　グらン　ボヌーる　キ　プらン　サ　プラース
Un grand bonheur qui prend sa place
デ　ザンニュイ　デ　シャグらン　セファース
Des‿ennuis, des chagrins, s’effacent
ウーるー　ウーるー　ア　アン　ムーりーる
Heureux, heureux à en mourir

カン　ティル　ム　プらン　ダン　セ　ブら
Quand‿il me prend dans ses bras
イル　ム　パるル　トゥー　バ
Il me parle tout bas
ジュ　ヴォワ　ラ　ヴィ　アン　ろーズ
Je vois la vie en rose

イル　ム　ディ　デ　モ　ダムーる
Il me dit des mots d’amour
デ　モ　ド　トゥー　レ　ジューる
Des mots de tous les jours
エ　サ　ム　フェ　ケルク　ショーズ
Et ça me fait quelque chose

イ　レ　タントれ　ダン　モン　クーる
Il est‿entré dans mon cœur
ユヌ　パーる　ド　ボヌーる
Une part de bonheur
ドン　ジュ　コネ　ラ　コーズ
Dont je connais la cause

セ　トワ　プーる　モワ　モワ　プーる　トワ　ダン　ラ　ヴィ
C’est toi pour moi, moi pour toi dans la vie
チュ　ム　ラ　ディ　ラ　ジュれ　プーる　ラ　ヴィ
Tu me l’as dit, l’as juré pour la vie

エ　デ　ク　ジュ　タペるソワ
Et dès que je t’aperçois
アローる　ジュ　サン　サン　ザン　モワ
Alors je sens sens‿en moi
モン　クーる　キ　バ
Mon cœur qui bat

フランスのケーキのレシピ

●セレモニー・ケーキ（Gâteau de cérémonie）

結婚式、聖体拝領、出産記念などを祝うさいのケーキです。段重ねにすることもありますが、ここではケーキ一台分の分量にしてあります。見た目が似ている日本のショートケーキと食べくらべてみてください。メレンゲは生クリームより甘いですが、カロリーは低いです。

［材　料］

- ジェノワーズ……1台
- メレンゲ……適量（砂糖180g、卵白90g）
- フランボワーズジャム……適量
- フランボワーズ……適量
- 着色料（赤色）……適量

［作り方］

1. ジェノワーズを２枚もしくは３枚にスライスする。
2. スライスしたジェノワーズにフランボワーズジャムを塗る。
3. フランボワーズを散らして生地を重ね、サンドする。
4. ボウルに卵白を入れ、ハンドミキサーで泡立てる。筋が残る程度に泡立てたら、砂糖を３回ほどに分けて加える。砂糖の粒が消え、つやのあるしっかりとしたメレンゲになるまで泡立てる。着色料を加え、好みのピンク色にする。
5. メレンゲをケーキ全体に塗る。フランボワーズを飾ったり、メレンゲを絞り袋に入れてデコレーションしてもよい。

●ジェノワーズ（Génoise）

ケーキのスポンジになる生地です。

［材　料］（直径18センチの型　1台分）

・全卵	3個
・砂糖	90g
・薄力粉	90g
・バター	30g

［作り方］

薄力粉は振るっておく。バターは、レンジや湯煎などで溶かしバターにしておく。型に敷き紙を敷いておく。

［作り方］

1　全卵と砂糖をボウルに入れ、湯煎にかけ40℃程度に温める。卵が熱で固まらないように、つねに泡だて器で混ぜる。

2　温まったら湯煎から外し、ハンドミキサーで泡立てる。生地が冷め、上から垂らしても沈んでいかないほどの固さになるまでしっかりと泡立てる。

3　ふるっておいた薄力粉を加え、ゴムべらで泡がつぶれないように、下からすくうように合わせる。

4　温かい状態の溶かしバターを加える。生地につやが出て、垂らしたときにサラッと流れるようになるまで合わせる。

5　敷き紙を敷いた型に流し、170℃で20～25分ほど焼く。

6　オーブンから出してすぐ、型ごと少し高いところから落として熱い蒸気を抜く。逆さにして型から外し、網の上で冷ます。

レシピ監修　金川智未（お菓子Deguchi）
参　　考　Françoise Bernard : Les recettes illustrées, Hachette, 2001.

[主な動詞の活用表]

être été	
je suis	nous sommes
tu es	vous êtes
il est	ils sont
elle est	elles sont

avoir eu	
j'ai	nous avons
tu as	vous avez
il a	ils ont
elle a	elles ont

donner donné	
je donne	nous donnons
tu donnes	vous donnez
il donne	ils donnent
elle donne	elles donnent

aimer aimé	
j'aime	nous aimons
tu aimes	vous aimez
il aime	ils aiment
elle aime	elles aiment

manger mangé	
je mange	nous mangeons
tu manges	vous mangez
il mange	ils mangent
elle mange	elles mangent

acheter acheté	
j'achète	nous achetons
tu achètes	vous achetez
il achète	ils achètent
elle achète	elles achètent

sortir sorti	
je sors	nous sortons
tu sors	vous sortez
il sort	ils sortent
elle sort	elles sortent

se lever se levé	
je me lève	nous nous levons
tu te lèves	vous vous levez
il se lève	ils se lèvent
elle se lève	elles se lèvent

aller allé	
je vais	nous allons
tu vas	vous allez
il va	ils vont
elle va	elles vont

boire bu	
je bois	nous buvons
tu bois	vous buvez
il boit	ils boivent
elle boit	elles boivent

descendre descendu	
je descends	nous descendons
tu descends	vous descendez
il descend	ils descendent
elle descend	elles descendent

faire fait	
je fais	nous faisons
tu fais	vous faites
il fait	ils font
elle fait	elles font

lire lu	
je lis	nous lisons
tu lis	vous lisez
il lit	ils lisent
elle lit	elles lisent

pouvoir pu	
je peux	nous pouvons
tu peux	vous pouvez
il peut	ils peuvent
elle peut	elles peuvent

prendre pris	
je prends	nous prenons
tu prends	vous prenez
il prend	ils prennent
elle prend	elles prennent

venir venu	
je viens	nous venons
tu viens	vous venez
il vient	ils viennent
elle vient	elles viennent

voir vu	
je vois	nous voyons
tu vois	vous voyez
il voit	ils voient
elle voit	elles voient

vouloir voulu	
je veux	nous voulons
tu veux	vous voulez
il veut	ils veulent
elle veut	elles veulent

- **100以上の数詞**

音声 106

100	cent	1000	mille	2000	deux mille
101	cent un	1001	mille un	2001	deux mille un
200	deux cents	1100	mille cent	2021	deux mille vingt-et-un
201	deux cent un	1500	mille cinq cents	2500	deux mille cinq cents

著者紹介
清水まさ志
　鳥取大学准教授
藤井陽子
　日本大学他講師

ア・ラ・パリジェンヌ

2021年 2月 1日 印刷
2021年 2月10日 発行

著 者© 清水まさ志
　　　 藤井陽子
発行者 及川直志
印刷所 研究社印刷株式会社

発行所 株式会社 白水社
101-0052 東京都千代田区神田小川町3の24
電話 03-3291-7811（営業部），7821（編集部）
www.hakusuisha.co.jp
乱丁・落丁本は、送料小社負担にてお取り替えいたします。

振替 00190-5-33228　誠製本株式会社

ISBN978-4-560-06139-8

Printed in Japan